乔晓华 陈梦喆 梁虹 著

上海文艺出版社

到伦敦去

我从未到过伦敦，但我也从未远离它。

自年轻时代第一次读雪莱开始，无论是莎士比亚、王尔德、萧伯纳、拉什迪，还是济慈、叶芝、威廉·布莱克、T.S.艾略特、W.H.奥登、特德·休斯，他们写的每一个字甚至他们的名字都是一砖一瓦，早已为我构筑起心中的伦敦。

“并无实体的城”。艾略特说得对。

“凝聚起来的无限”。亨利·詹姆斯说得好。

他们都是美国人，后来又都加入了英国籍，伦敦是他们永久的安息地。

一座城市的好与坏，异乡人看得很清楚。

曾经，去往他乡是一件困难到重大的事情。伦敦不比南极更近。那样的日子里，有时也会把伦敦地图翻出来看，就像阅读乐谱一样，目光越过泰晤士河两岸，越过一条条街道，把散落在书页间的地点认真地安放在属于它们的那个角落。

“想象可以抵达一切地方，只要你愿意。”多年以前我曾这样写。

如今一切都不同了。伦敦不比北京更远。仿佛一夜之间，英国作家安德鲁·米勒就这样坐到了上海的桌边，谈书，谈天气……

或许是时候去一次伦敦了。

卡尔维诺在《看不见的城市》中借马可·波罗之口说：“旅行的时候，你会发觉城市是没有差异的，每座城看起来就像任何一座城，它们互相调换形状、秩序和距离，不定形的风尘侵入大陆，你的地图却保存了它们的不同点：不同性质的组合，就像名字的笔画。”

《到伦敦去》就是这样一张地图。

PART ONE **LITERATURE**

PART TWO **ART**

PART THREE **SHOPPING**

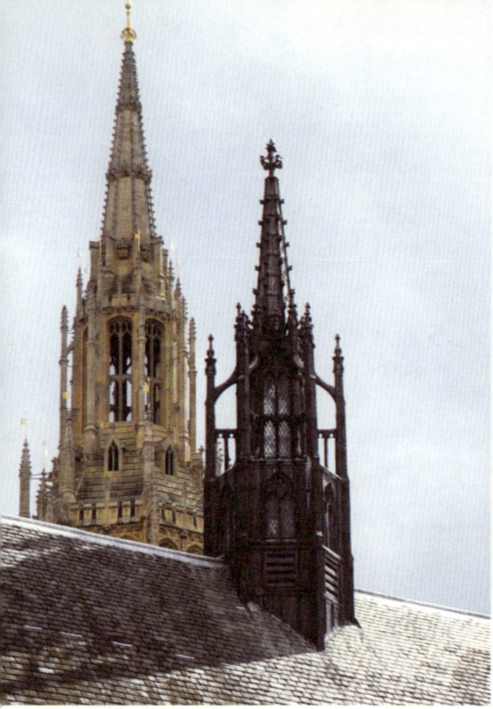

BRICK LANE
E1

delier
ilable in 4
ur options)

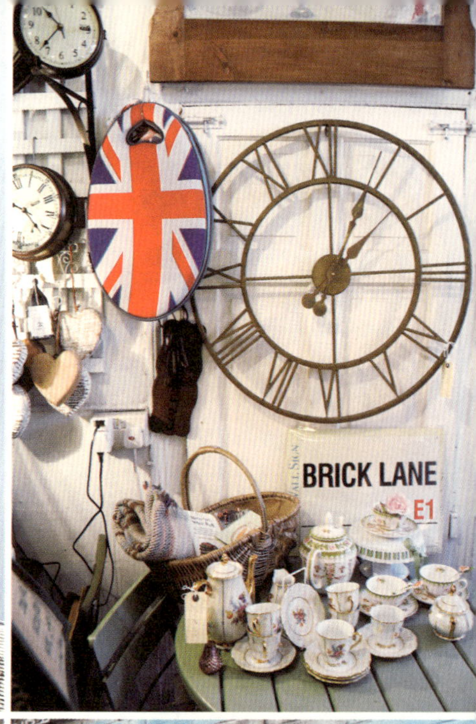

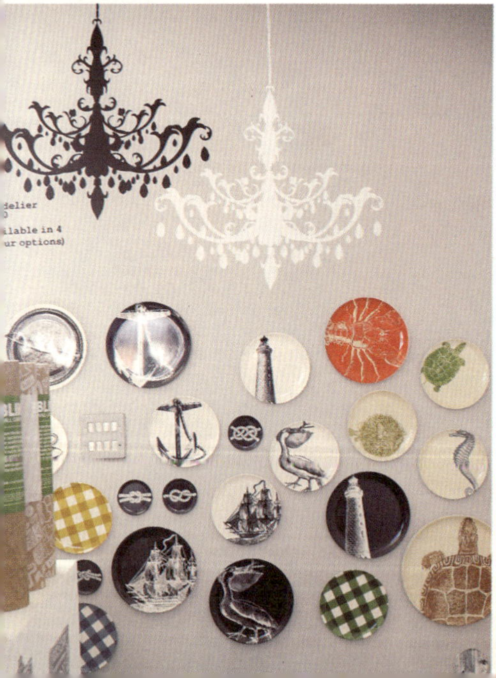

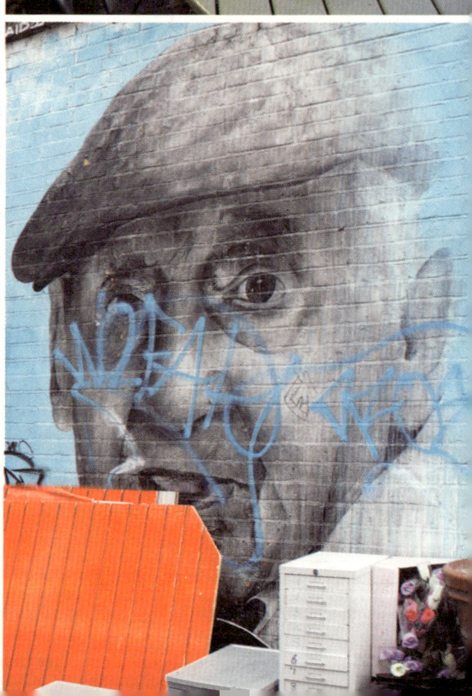

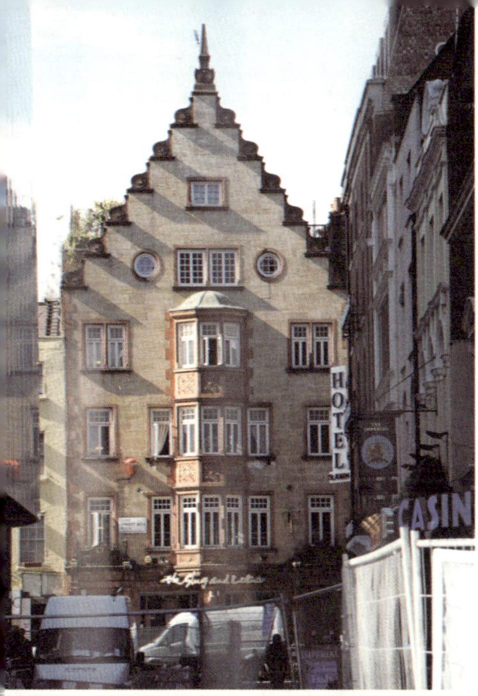
HOTEL
CASIN

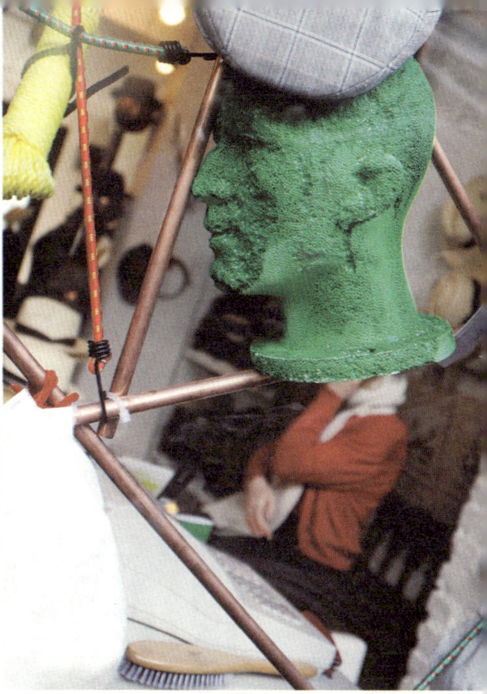

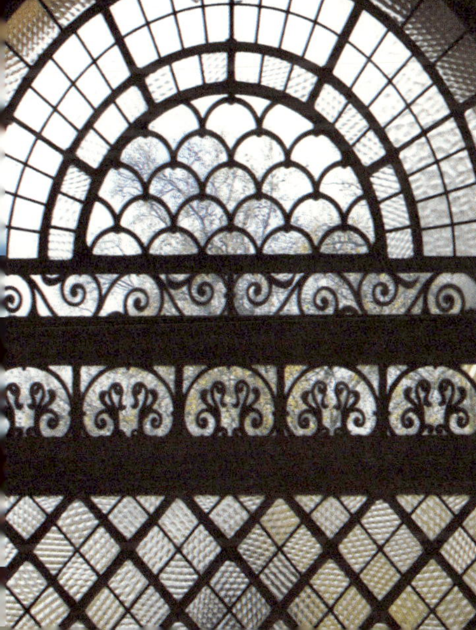

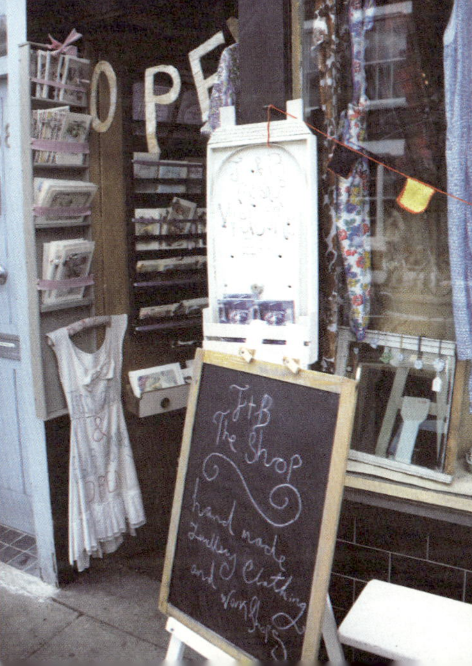

J+B
The Shop
hand made
Jewellery Clothing
and Workshops

LITERATURE·ART·SHOPPING

IN-LONDON

LITERATURE

书页之间

文 / 陶立夏

记忆中的伦敦，雪会毫无征兆地落下，每个街角都在上演着书中描绘过的情节。

凉的细雪，来去都没有声音。灰白天幕下都是穿黑色大衣的人群，在绿灯亮起的刹那竖起衣领飞速走向下一个街口，仿佛狄更斯的时代从未终结。

在伦敦，我从来不是孤身一人，总有故知同行。疯王乔治踯躅在我身侧，舞动长袍的样子在我看来是老年版的哈姆雷特。我努力赶上福尔摩斯的脚步，与他探讨开膛手杰克的案情。我对喝着下午茶吃小点心的艾玛小姐说：或许你该给简·爱和罗切斯特做媒。我看着萨拉和莫里斯在雨中告别，爱莫能助。我徘徊在肯辛顿戈尔的皇家地理协会门口，虔诚地等待与英国病人奥尔马希的偶遇，而对面的公园里，永不老去的彼得·潘正欢快地吹着笛子为我加油，他说：等待算什么，时间其实没有意义……

陶立夏
作家，曾在伦敦学习、生活数年，热爱旅行与写作，喜欢空旷的中转机场和小巷内的深夜食堂，她的小说《分开旅行》虏获了很多都市年轻人的心。

“第一次来伦敦吗？”有人这样问我。一时竟不知道如何回答。因为自少年时代开始就已熟知这座城市以文字筑就

的街巷，从此流连不去。黑字写在白纸上，但文字引发的无穷想像却在岁月里不断酝酿生长，如今终于一夕成形，飘散无依的沙在虚空中凝成了沙城。抵达伦敦的刹那，我找到了记忆拼图中长久以来缺失的最大的那一块，所有想像归位。

我不会是唯一的那个寻梦人。有多少人去诺丁山寻找那扇蓝色的木门，又曾有多少人往来于查令十字街，只为看一眼84号那家令纽约女作家海莲·汉芙魂牵梦系的二手书店？

作家笔下的人物就在这个虚幻的舞台上演出他们的故事，重重帘幕加叠，竟比那些砖墙与大理石拱门更牢不可破，困住了看客，直到他们成为故事的一部分。

我的大部分闲暇时光都在皮卡迪利（Piccadilly Circus）度过。187号的哈查德书店（Hatchard's）是全大英帝国第一家书店，1797年开业后，迅速成为城中“潮流去处”，常客名单中包括拜伦、奥斯卡·王尔德、萨克雷、拉迪亚德·吉卜林、毛姆……目光扫过一排排书脊，似乎随时会与这些大家们四目相投。

数步之遥的305号则是水石连锁书店（Waterstone's）旗舰店，也是全欧洲最大的书店。1936年建成之时曾是男装店，作家、剧作家杰瑞米·劳埃德（Jeremy Lloyd）在这里打过工，并根据亲身经历创作了BBC大受欢迎的情景戏剧 *Are you being served?*

书店的楼梯依旧是当年的白色大理石台阶，旁边立一块牌子：“此台阶为便利旧时着长裙的女士，故造得特别低矮，若造成阁下不便，万分抱歉。”

而在94号的海陆军俱乐部院子里，A.E.W.曼森完成了他的传世之作《四根羽毛》。

夏天我搬到布鲁姆斯伯里（Bloomsbury）的学生宿舍，迅速爱上那整饬安静的青黄色砖墙，白色窗棂与纱帘。后来我怀念起借宿在布鲁姆斯伯里的那些日子，远胜于我独自在其他陌生城市角落度过的时光。这里有弗吉尼亚·伍尔夫的旧居，也是“布鲁姆斯伯里学派”的发源地，电影《时时刻刻》（The Hours）中有关伍尔夫的章节就在此地取景。如今它大部分成了伦敦大学的房产，改建成办公室与学生宿舍。

房子内部依旧是过去的样子，需要手动拉上铁栅栏的电梯、褪色的地毯、老式的陶瓷水龙头把手、宽敞的地下室、小巧的花园。晚上窗外有汽车开过的声音，车灯将行道树的影子投射到天花板上。住一晚，就彻底读懂了伍尔夫，她沉静面容下激流般的不安。

大概是受了伍尔夫的熏陶，我开始构思自己的小说，故事就从伦敦开始。那个曾从书中读到的伦敦，转经我手中的笔，重新回到书页中。

曾问同学为何伦敦盛产作家，她用字正腔圆的牛津口音回答："如果你不想这个城市被酸雨淋成秃头，那就乖乖在家写书。"尤其是漫长而阴冷的冬季，室外冻雨绵绵，天还未亮透，又旋即转黑。书房是全宇宙最惬意的去处了吧：火光在壁炉内摇曳，威士忌在水晶杯里荡漾，你拿起笔来，就可以呼风唤雨、决定他人命运。

离开伦敦前的那个清晨，《星期天泰晤士报》正随报赠送The Shipping News。拖着行李箱进地铁的时候，自动扶梯上有恋人在吻别，那个吻如同安静的泰晤士河水。

离开伦敦之后，我常回想起那个告别的吻，以及很多无法入睡的深夜，点支蜡烛在窗前翻译约翰·贝理（John Bayley）的情景。最喜欢他的《献给艾丽斯的挽歌》（*Iris, A Memoir of Iris Murdoch*），买了ABACUS出版社1998年的版本。深深记得自己如何努力地想要保留约翰·贝理这个英国老派学者遣词造句的文雅、质朴以及幽默，却常常力不从心。推敲之间，天色渐亮。后来求职谋生，为五斗米折腰，心再不能回复到那时的静。用阅读和书写打发时间这样的伦敦式闲情逸致，也只能回忆。

IN LONDON > LITERATURE

伦敦，古老而又现代的都市，毫无疑问的“文学之城”。

在耳熟能详的景点旁边的小巷子里，在熙熙攘攘的购物中心的拐角处，在安静优雅的住宅区的樱花树下，你可能走过莎士比亚曾经流连的街道，看到弗吉尼亚·伍尔夫曾经凝视的风景，遇见狄更斯曾经居住的宅邸，在 T.S.艾略特喜爱的餐厅喝上一杯美味的咖啡，却又爱上拜伦经常造访的书店……无论刻意还是偶然，发现它们的那一刻，伦敦就摆脱了国际大都市或者旅游城市的惯常面貌，绽放出淡淡的玫瑰色光芒。

有了它们，或者，更准确地说，有了他们，伦敦才是伦敦。

威廉·布莱克于1786年所绘《仲夏夜之梦》，现藏于泰特英国美术馆（Tate Britain）

大地呈现不出更美的事物了，
只有灵魂虚盲
才会把这动人的壮丽景色遗忘。
城市的霓裳，
是那明媚的晨光，静谧而坦荡。
船只、尖塔、穹顶、剧院和教堂
敞露于蓝天碧野的空旷，
在清澈的空气里闪闪发光。
从未见过如此绮丽的朝阳拥抱着
幽谷、峭岩与山冈，
如此深沉的静谧我从未见尝。
河水悠然自得，静静流淌。
哦，上帝！万户千家都还在梦乡，
看这颗巨大的心脏，睡得多么安详。

——威廉·华兹华斯《在威斯敏斯特桥上》

CHAPTER 01
WESTMINSTER
在威斯敏斯特桥上

1802年6月31日黎明时分，诗人威廉·华兹华斯（William Wordsworth，1770－1850）坐着多佛马车经过威斯敏斯特桥（Westminster Bridge），看着沐浴在晨光中的伦敦，诗人写下了动人的诗句："大地呈现不出更美的事物了……"他的妹妹多萝西（Dorothy）则在自己的日记里写道："我们在查令十字路（Charing Cross Road）搭上多佛马车。那是个美丽的早晨。城区的圣保罗大教堂（St.Paul's Cathedral）、泰晤士河及许许多多的小船，在我们经过威斯敏斯特桥时，造成了美丽至极的景象。"

210年后的一个早晨，走出威斯敏斯特地铁站（Westminster）——电影《哈利·波特与凤凰社》曾在这里取景，呈现在眼前的，是古雅的威斯敏斯特桥和巨大的伦敦眼（London Eye），是巍峨的议会大厦（Houses of Parliament）和高高的大本钟（Big Ben）。

这里作为英国政府与王室活动中心以及著名的旅游区，集中了白金汉宫(Buckingham Palace)、圣詹姆斯公园（St James's Park）、唐宁街(Downing Street)10号等标志性地点。

这里最能体现帝国的历史与荣光；这里也最能体会文学的伟大与不朽！

这里作为一个起点，再适合不过。

1947年，与众多英国王室成员一样，当时还是公主的伊丽莎白二世与菲利普亲王在威斯敏斯特大教堂举行婚礼，1953年，女王在这里举行了加冕典礼

WESTMINSTER ABBEY
威斯敏斯特大教堂的诗人们

四月的晨光，让诗人埃德蒙·斯宾塞（Edmund Spenser，1552–1599）眼中“风流的泰晤士河”显得清丽无匹，却给了它身旁的威斯敏斯特大教堂（Westminster Abbey）一副变幻不定的表情。

太著名的景点。就连英文版解说词的“献声者”，据说都是奥斯卡影帝杰瑞米·艾恩斯（Jeremy Irons，1948–）。等待参观的游客在教堂门口排成了长队，一直蜿蜒到马路上。必须耐心耐心再耐心。走进教堂以后，你会发现这里实在是一个拥挤之所。不仅仅是游客多。据说，占地3000平方米的威斯敏斯特大教堂内，有三千多个墓碑，上面的每一个名字都影响了英国乃至全世界。

11世纪初，“忏悔者”、英王爱德华一世把泰晤士河边的一座本笃会隐修院扩建为威斯敏斯特大教堂，而他之后的历代英国君主也都不同程度地对它进行了增建或者改建，历经几百年光阴才有了如今的样貌。自征服者威廉开始，除了爱德华五世与爱德华八世（也就是著名的温莎公爵），英国君主都在威斯敏斯特大教堂举行加冕典礼，他们中的绝大部分以及很多王公贵族在此长眠。但，正如法国启蒙思想家伏尔泰（Voltaire，1694–1778）所言，“走进威斯敏斯特大教堂，人们所瞻仰的不是君王们的陵寝，而是国家为感谢那些为国增光的最伟大人物而树立的纪念碑。这便是英国人对于才能的尊敬。”而其中最最动人的部分，是“诗人之角”（Poet's Corner）。

它位于圣费思礼拜堂（St Faith Chapel）旁边，第一位

地址：
20 Dean's Yard,SW1P 3PA

开放时间：
周一、周二、周四、周五
9:30-15:30
周三 9:30-18:00
周六 9:30-15:30

交通：
地铁站
Westminster下，步行5分钟

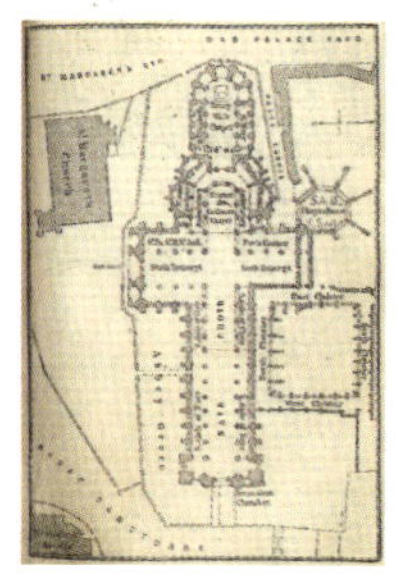

1894年的平面设计图

安葬在此的，是“英国诗歌之父”的杰弗里·乔叟(Geoffrey Chaucer，1343–1400)，时间是1400年——因为他曾受雇于英国王室，生前居住在教堂里，多年以后才有人在他的墓前刻碑纪念，说这里长眠着一位诗人。1599年，诗人埃德蒙·斯宾塞去世，按照他的遗愿，亲友把他安葬在乔叟的旁边，就此开创了作家诗人们围绕着乔叟安葬的传统。至于第一个把这里称之为“诗人之角”的，是18世纪的英国剧作家奥利弗·哥德史密斯(Oliver Goldsmith，1728–1774)——后来，他也立碑其间。

17世纪时，本·琼森（Ben Jonson，约1572–1637），很受英国皇室青睐，查理一世甚至允许他在威斯敏斯特大教堂内自由选择安息之地，但因为去世前穷困潦倒，本·琼森的墓地只有区区18平方英寸，小到棺木只能竖着安葬，而他的墓碑上刻着“哦！罕见的本·琼森”。

1870年，备受读者爱戴的狄更斯（Charles John Huffam Dickens，1812–1870）去世。葬礼过后，因为等着致敬的人实在太多，他在威斯敏斯特大教堂的墓地对外开放了整整两天，人们列队经过，在他的棺木上摆上鲜花，其中“有几小束用破布捆绑起来的花束。”狄更斯的墓碑上刻着这样一句话：“他是贫穷、受苦与被压迫人民的同情者，他的去世让世界失去了一位伟大的英国作家。”

庄严的威斯敏斯特大教堂，它的旁边是威斯敏斯特学院（Westminster School），作为英国最顶尖的院校之一，剧作家、诗人本·琼森、英国第一位桂冠诗人约翰·德莱顿（John Dryden，1631-1700，他去世后就安葬在“诗人之角”）、《小熊维尼》的作者A.A.米尔恩（A.A.Milne，1882-1956）都曾是这里的学生。

其实，几百年来，真正在此安葬的文学大家并不是很多，更多的是拥有一块纪念碑。1616年，莎士比亚（William Shakespeare，1564–1616）去世，安葬在他的家乡斯特拉福特（Stratford），直到1740年，他的全身塑像才安放在了“诗人之角”，围绕着他的，是雪莱（Percy Bysshe Shelley，1792 – 1822）、济慈（John Keats，1795–1821）、简·奥斯汀（Jane

Austen，1775–1817）与勃朗特三姐妹（Bronte Sisters）的壁碑。浪漫派先驱威廉·布莱克（William Blake，1757–1827），少年时代曾作为学徒在威斯敏斯特大教堂内雕刻墓碑，生前不为大众认同的他，直到诞辰 200 周年，半身像才得以进入“诗人之角”。至于客死巴黎的奥斯卡·王尔德（Oscar Wilde，1856–1900），去世 95 年后终于在“诗人之角”得到了一块纪念彩窗。相比之下，W.H. 奥登（Wystan Hugh Auden，1907–1973）就幸运多了，1974 年便在这里拥有了属于自己的一块地碑，上面的铭文来自他著名的《悼念 W.B. 叶芝》：“在他岁月的囚笼中，让那些自由的人们学会如何称颂。”

至于“诗人之角”的最新成员，则是桂冠诗人特德·休斯（Ted Hughes，1930–1998）。2011 年，他在这里拥有了一块纪念碑，对此，威斯敏斯特大教堂院长约翰·霍尔表示：“……我希望休斯的纪念碑能够时时提醒人们记住他在诗歌上的卓越建树，虽然他的私生活，尤其是感情生活一直备受争议。希望他的传世文字可以继续激励后人、激荡历史，愿他的名字永存。”

安葬“诗人之角”的，还有《英语辞典》的编撰者塞缪尔·约翰逊博士（Samuel Johnson，1709-1784）、诗人罗伯特·勃朗宁（Robert Browning，1812-1889）、桂冠诗人阿尔弗雷德·丁尼生（Alfred Tennyson，1809-1892）、作家托马斯·哈代与吉卜林等等，而约翰·弥尔顿、《爱丽丝漫游仙境》的作者刘易斯·卡罗尔（Lewis Carroll，1832-1898），以及诗人拜伦、罗伯特·彭斯（Robert Burns，1759-1796）、T.S. 艾略特等等都在这里有纪念碑。

ST MARGARET'S CHURCH
圣玛格丽特教堂。三场婚礼

在威斯敏斯特大教堂的花园旁，是小巧的圣玛格丽特教堂（St Margaret's Church）。它的外墙镶嵌着非常特别的日晷太阳钟，以彩绘玻璃出名，东边的窗户描绘的是1501年阿拉贡的凯瑟琳与亚瑟王子结婚的场面。不知是否因为这个原因，“圣玛格丽特”一直都是伦敦上流社会热爱的婚礼教堂，而其中最为瞩目的三场婚礼，一次属于写出过《失乐园》、《论出版自由》的约翰·弥尔顿（John Milton，1608–1674）——他在这里迎娶了自己的第二任妻子凯瑟琳；一次属于曾担任海军大臣的塞缪尔·佩皮斯（Samuel Pepys，1633 – 1703）——他最出名的是他的日记，详细记载了伦敦王政复辟时期的生活、1665年的大瘟疫以及1666年的大火；还有一次属于英国前首相温斯顿·邱吉尔（Sir Winston Leonard Spencer Churchill，1874–1965）。

仔细看教堂的其他窗户，还可以在其中发现约翰·弥尔顿像——他曾是这个教堂的教友，以及威廉·卡克斯顿像（William Caxton，1422–1491）——他是英国第一位出版商，去世后就安葬在圣玛格丽特教堂。

地址：
Parliament Square，
SW1P 3PA

开放时间：
周一至周五：9：30-15：30；
周六：9：30-13：30；
周日：14：00-16：45
宗教仪式 周日 11：00

交通：
地铁站 Westminster下，
步行5分钟

THE ATHENAEUM
雅典娜俱乐部。萨克雷追上了狄更斯

只要走到滑铁卢街（Waterloo Place），就一定不能错过一幢希腊神庙式样的建筑，一尊镀金的雅典娜塑像高傲地俯视着街道，它标志着雅典娜俱乐部（the Athenaeum）的所在，诗人叶芝（William Butler Yeats，1865–1939）曾说，他总是有“一种孩子般的向往，想走上那些阶梯，在那个古典的面孔底下散步”。

“理智、庄严（以及）令人崇敬”的雅典娜俱乐部创建于1824年，旨在为“科学、文学、文科或公共领域的杰出人士”服务。它的三面外墙环绕着大约260英尺长的檐壁，以大英博物馆（British Museum）中来自希腊帕特农神庙的埃尔金大理石（Elgin Marbles）雕塑为原型，上面的众多人物或者歌唱、阅读，或者写作、演讲——都是雅典娜俱乐部的会员们所推崇的古代雅典人的活动。作为典型的绅士俱乐部，直到2002年，经过选举，它才开始接收女会员。

萨克雷

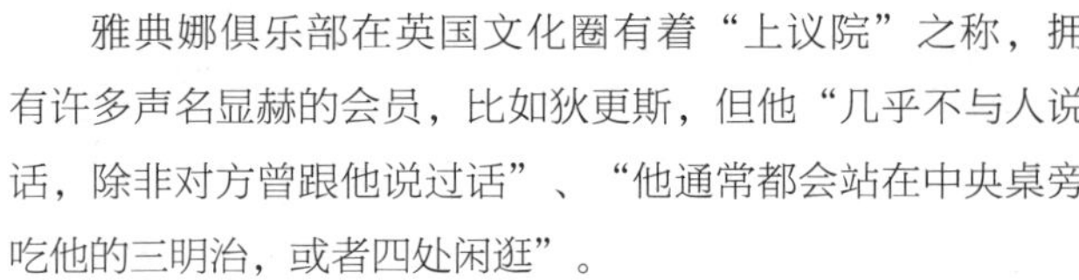

雅典娜俱乐部在英国文化圈有着“上议院”之称，拥有许多声名显赫的会员，比如狄更斯，但他“几乎不与人说话，除非对方曾跟他说过话”、“他通常都会站在中央桌旁吃他的三明治，或者四处闲逛”。

曾经，狄更斯与萨克雷（William Makepeace Thackeray，1811–1863）十分要好，他还想过让萨克雷为

狄更斯

他的小说《匹克威克外传》画插图——小说《名利场》的插图就是萨克雷自己画的，但因为一次口角，两人几年都没有说过一句话。1863年的一天，萨克雷在雅典娜俱乐部内和苏格兰人西奥多・马丁爵士（Sir Theodore Martin，1816–1909）聊天时，狄更斯走了进来。据马丁爵士回忆，“（狄更斯）好像不认识我们一样”，但是，萨克雷追上了他，“狄更斯转向他，接着我看到萨克雷说话了，并即刻向狄更斯伸出了手。他们握手了，彼此交谈了几句，然后萨克雷立刻回到我身旁说：‘很高兴自己这么做了’”。

这一年的平安夜，萨克雷在睡梦中去世。7年后，狄更斯去世，有人偷偷将他的椅子从家中带走，最后由一位会员找到后献给了雅典娜俱乐部。

1891年，《苔丝》的作者托马斯・哈代(Thomas Hardy，1840–1928)成为雅典娜俱乐部的会员，在当时的英国文坛，他和1907年获得诺贝尔文学奖的吉卜林（Rudyard Kipling，1865–1936）一样，风头正劲。虽然在艺术观上，哈代把吉卜林引为同道——而且，吉卜林也是雅典娜俱乐部的会员，但两人彼此看不惯，常常攻击对方。

在离雅典娜俱乐部不远的地方，绿烟氤氲的保尔林荫大道（Pall Mall）104–105号，便是创建于1836年的改革俱乐部（Reform Club），萨克雷、当时英国人最喜欢的美国作家亨利・詹姆斯（Henry James，1843–1916）、《时间机器》与《星际大战》的作者H.G.韦尔斯（Herbert George Wells，1866–1946）都曾是它的会员。也是在这里，法国著名科幻作家凡尔纳（Jules Gabriel Verne，1828–1905）让他笔下的菲利士・福格（Phileas Fogg）打赌说，他可以80天环游地球。

地址：107 Pall Mall

交通：
地铁站 Charing Cross下，
步行 10到 15分钟

雅典娜俱乐部

TRAFALGAR SQUARE
特拉法加广场。流浪汉乔治·奥威尔

特拉法加广场（Trafalgar Square）是伦敦最热闹的广场之一，虽然狄更斯曾说，它的样子丑陋得“好似发育不良”。

1920 年代末，乔治·奥威尔（George Orwell，1903–1950，原名 Eric Arthur Blair）四处流浪。这位伊顿公学毕业的前警察，隐藏起伊顿腔，混迹于水手、流浪汉与无业游民之间。在 1937 年出版的《通往威根码头之路》中，奥威尔这样解释自己在底层社会的流浪：“我对劳工阶级的境况一无所知。我读过失业人口的数据，却不了解它们的含义……当时我想要的，就是找到可以脱离这个体面的世界的方法。”

某些夜晚，他就和流浪汉一起睡在特拉法加广场，“有些我所遇到的人……已经六星期都没有休息了，然而除了他们都难以想象的肮脏之外，情况似乎并没有太糟”。在写作《1984》时，奥威尔把特拉法加广场变成了胜利广场，而广场中央英国著名海军将领纳尔逊的塑像则化身为“老大哥”的塑像。

流浪的经历最后都被奥威尔写入《巴黎、伦敦落魄记》中。这本书最初被送到已在法柏 & 法柏出版社（Faber&Faber）当编辑的 T.S. 艾略特 (Thomas Stearns Eliot，1888–1965) 手中，被退稿。伤心之余，奥威尔要朋友把手稿撕掉（但一定要保留纸张碎片）。最后，在朋友的帮助下，这本书于 1933 年 1 月面世。初为作家，信心不足的奥威尔很担心这本书会失败，所以使用了他伪装成流浪汉时的化名——乔治·奥威尔。

交通：
地铁 Charing Cross站下，
或 Leicester Square站下，
步行 3分钟

乔治·奥威尔

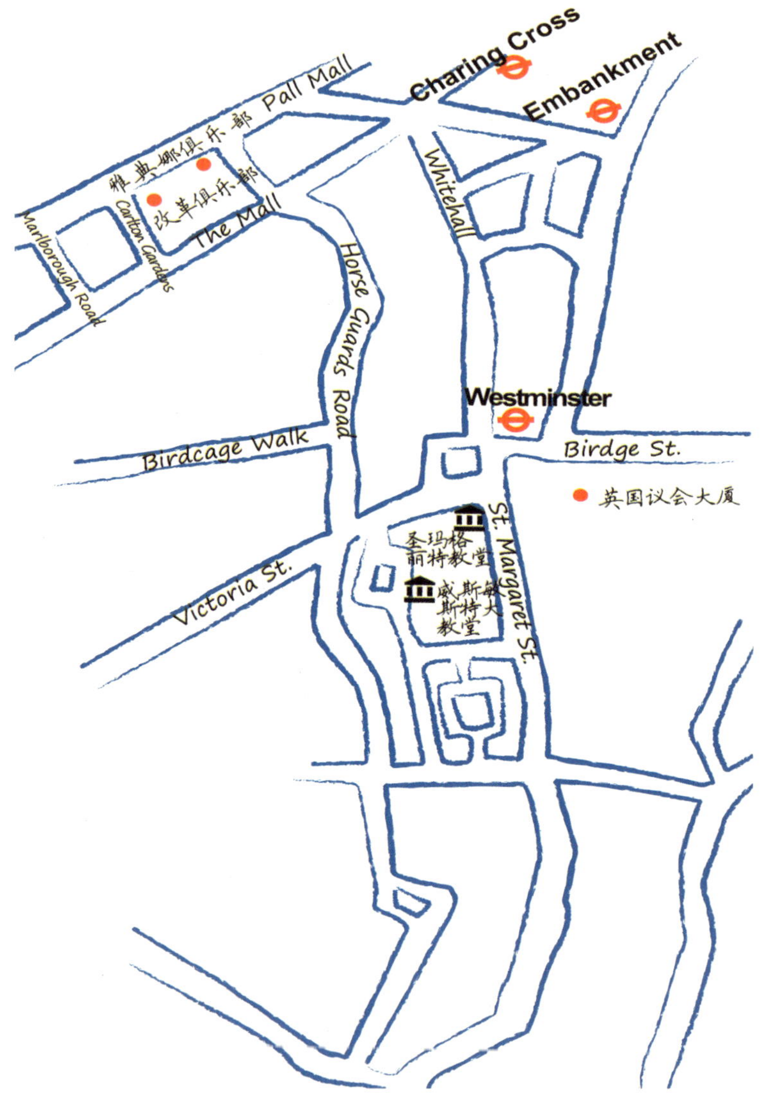
Charing Cross
Embankment
Pall Mall
雅典娜俱乐部
改革俱乐部
Carlton Gardens
The Mall
Marlborough Road
Whitehall
Horse Guards Road
Westminster
Birdcage Walk
Birdge St.
英国议会大厦
圣玛格丽特教堂
威斯敏斯特大教堂
St. Margaret St.
Victoria St.

MORE 周边还有……

BUCKINGHAN PALACE
白金汉宫

只要到了伦敦，白金汉宫是必到之处。它建于1703年，本是白金汉公爵的私人住宅，1837年维多利亚女王迁居于此后，这里便成为英国王室居所。如果看到皇宫正门悬挂着王室旗帜，就知道伊丽莎白女王没有外出。

目前，白金汉宫每年只对外开放很短一段时间，常常一票难求，最好提前预约。至于换岗仪式，每年5月到7月的11：30举行，其他月份隔天举行（偶数月的奇数日，奇数月的偶数日）。

地址：The Mall, SW1A 1AA

开放时间：7月中旬至 9月 9：45-18：00，最后进入时间为 15：45（每年的时间都会有一点变动，请上网查询）

网站：www.royalcollection.org.uk

地铁站 St James's Park下，步行 3分钟

ST JAMES'S PARK
圣詹姆斯公园

作为伦敦城内最美丽的公园之一，圣詹姆斯公园可能是查理二世留给伦敦人的最好的遗产，电影《达·芬奇密码》曾在这里取景。查理二世在位时，当时的俄国驻英国大使曾送他一对鹈鹕作为礼物，这使得圣詹姆斯公园成了鸟类的天堂。也正是查理二世的命令，圣詹姆斯公园才得以成为全伦敦人的公园，而查理二世自己，也常常带着他许许多多的情妇到这里风花雪月。他还在公园里开凿了一条运河，19世纪时由著名的建筑师约翰·纳什（John Nash）改建后，才有了现在的面貌。

1666年7月15日，塞缪尔·佩皮斯在日记里写道：“在运河旁的草坪躺下，小睡一会儿。”两个月后，一场大火，几乎把中世纪伦敦全部摧毁。

地址：Horse Guards Parade,SW1A 2BJ

地铁站 St James's Park下，步行 3分钟

HOUSES OF PARLIAMENT / BIG BEN
英国议会大厦 / 大本钟

据说，雄伟的议会大厦共有1000个房间、100段楼梯、11个庭院、8个酒吧和6家餐厅，另外还有一个为游客开设的咖啡馆。在经过严格的安检后，游客可以在游客走廊上观看上下议院的会议，当然，很乏味。最值得一看的是周三中午的“首相答问时间”，但必须得通过中国大使馆或者下议院提前订票。

在议会大厦的高塔上，有被昵称为“大笨钟”的大本钟，但它其实指的不是那四面时钟，而是重达14吨、每到整点报时一次的共鸣钟，1858年问世。

地址：Parliament Square, SW1P 3PA

开放时间：周一、周二 14：30-22：30
下议院周三 11：30-19：30，周四 10：30-18：30，周五 9：30-15：00
上议院周三 15：30-22：00，周四 11：00-19：00，周五 10：00起

地铁站 Westminster下，步行 3分钟

这音乐在水上悄悄从我身边经过，
经过斯特兰德，直到女王维多利亚街
啊城啊城，我有时能听见
在泰晤士河下游的一家酒馆
那悦耳的曼陀铃的哀鸣
还有里面的碗碟声，人语声
是鱼贩子到了中午在休息：那里
殉道堂的墙上还有
难以言传的伊沃宁的荣华，
白的与金黄色的。

——T. S. 艾略特《荒原》

CHAPTER 02
THE CITY
西堤区的十四行诗

走出圣保罗大教堂地铁站（St. Paul's）的2号出口，在渐渐明亮的光线中一点点醒来的圣保罗大教堂（St. Paul's Cathedral）壮美得就像一曲交响乐。它标志着西堤区已在眼前。

这小小的“一平方英里”是伦敦历史的起点，但1666年的大火几乎把它尽数烧毁。重新规划后，西堤区变身金融区，如今已是寸土寸金之地。这里有很多奇怪的街名，比如牛奶街（Milk Street）、家禽街（Poultry Street）、针线街(Threadneedle Street)，都是以当年在街上所卖的东西为名，它们从一个侧面告诉你西堤区的本质。这也使得从许多方面来看，这里都很难与文学搭上边。但是，难以置信的，它的每一寸土地都沾染着文学的气息，约翰·弥尔顿出生在面包街（Bread Street），齐普赛街（Cheapside Street）的树带给威廉·华兹华斯写作《贫女苏珊的幻想》的灵感，而曾经居住在布短街（Cloth Court）的桂冠诗人约翰·贝奇曼(John Betjeman，1906–1984)1977年这样描述他在这里的家：

“这里曾是伦敦最宜人的居住处所，因为任何东西都可以在步行可达的巷道内买到。就像所有的乡城一样，它什么商店都有。我十足幸运能住在布市里，因为这里尚有一家卖布的店铺……我住的后方是史密斯区肉市，那儿满是快活的乔叟式人物及中古世纪样式的手推车。”

矛盾的共生，世俗的浪漫，也许就是西堤区的魅力。

ST. PAUL'S CATHEDRAL
圣保罗大教堂之歌

早在公元604年，圣保罗大教堂就守护着伦敦城，不过，现在我们所看到的这座世界第二大圆顶教堂已是第4座了，1666年伦敦大火后，它由著名的建筑师克里斯托弗·雷恩爵士（Sir Christopher Wren，1632–1723）重新设计并建造——火灾之后，他主持重建了伦敦51座教堂，而他永久的安息地就是他最出色的作品圣保罗大教堂，地下室里他的墓碑上用拉丁文刻着：Si monumentum requiris，circumspice（“你在寻找他的纪念碑吗，请看你的周围”）。

1621年到1631年，玄学派诗人约翰·邓恩（John Donne，1572–1631）担任圣保罗大教堂的教长。也许你没有听说过他的名字，但你一定听说过他的诗——

没有人是一座孤岛 / 没有人能独善其身 / 每个人都是大陆的一部分 / 属于这片土地 / 无论是庄园，还是海角 / 无论它属于你的朋友 / 还是属于你 / 只要被海水冲走一小块泥土 / 大陆就会变小 / 任何人的死亡，都是我的减少 / 因为我是人类群体中密不可分的一员 / 所以不要问丧钟声为谁而鸣 / 它正在为你哀悼。

它们选自约翰·邓恩发表于1624年的《祷告》，因为被海明威（Ernest Miller Hemingway，1899–1961）引用在小说《丧钟为谁而鸣》中而广为人知。1631年，这位T.S.艾略特非常推崇的诗人去世，安葬于圣保罗大教堂内。如今你依然能在这里看到他那从伦敦大火中幸存下来的塑像。

1896年的圣保罗大教堂

同样的，也许你不知道威廉·布莱克，对他的《天真与经验之歌》不甚了了，但你一定知道“一沙一世界，一花一天堂”，而这两句诗就来自于他的《天真之歌》。圣保罗大教堂内威廉·布莱克的纪念碑告诉你，这里正是他那《天真与经验之歌》中“圣礼拜四”组诗的背景。

此外，约翰·弥尔顿、高产作家G.K.切斯特顿（Gilbert Keith Chesterton，1874–1936）都曾是圣保罗教会学校的学生，狄更斯则在教堂附近居住和工作过……至于一度居住在附近的诗人约翰·贝奇曼——他曾担任附近圣万达斯特教堂（St Vedast's）的教会执事，某天，他这样描述星期日从圣保罗大教堂传出的钟声——

寂静的星期日！街道一片死寂 / 巷道与庭院空荡荡的，还有鹅卵石街 / …… / 直到全像航行的云般淹溺，一路的歌 / 浮在圣保罗大教堂传来的十二声钟响 / 怒号的涌流之上。

地址：
St Paul's Churchyard，
EC4M 8AD

开放时间：
周一至周六 8:30-16:00

交通：
地铁站 St.Paul's下，
步行 3分钟

雷恩当年的设计稿

著名的钱多斯莎士比亚肖像，现藏于英国国家肖像画廊（National Portrait Gallery）

GLOBE THEATRE
莎士比亚与环球剧场

在圣保罗大教堂对面，可以看非常现代的银色的千禧桥（Millennium Bridge），它曾出现在电影《哈利·波特与混血王子》中。经由它穿越泰晤士河，出现在眼前的是著名的泰特现代美术馆（Tate Modern），而它的旁边，便是极具传奇色彩的莎士比亚环球剧场（Globe Theatre）。

伊丽莎白女王时代，英国的文学艺术一片繁荣，但伦敦却由清教徒统治，他们认为戏剧会让人道德沦丧，因此禁止在城区兴建剧院。但在不受清教徒控制的郊区和“开放区”，戏剧不仅从未消失，而且还陆续有11家剧院开门营业，达官贵人们也乐于出钱资助剧团，演员们就此过上了安稳的生活。

第二座环球剧场的设计草图

地址：
21 New Globe Walk,Bankside
SE1 9DT

开放时间：
10:00-17:00

交通：
地铁 Mansion House站或 Southwark站下，步行 10分钟

1599年，被莎士比亚亲昵地称为“Wooden O”的环球剧场正式开张，莎士比亚与他剧团的四位演员持有股份，《哈姆雷特》、《麦克白》和《奥赛罗》都是在这里首演的。当时，每天下午一般都上演不同的戏，一周一轮，而一个剧团大概有8到10名主要演员，所以，演员们常常要能扮演30个不同的角色。而且当时没有女演员，所有的女性角色都是由男演员扮演的。

那真是民主戏剧的黄金时代，只要花上一便士就可以站着看完一出戏，虽然观众们一边看戏一边喝酒吃东西，随时吵架，随地“方便”，一片喧闹中，台上的演员不得不尽力提高音量，把台词喊出来。当时的剧作家托马斯·德克曾感慨：“观众就像一头野兽，必须在演员的驯化下才能保持安静。”

SHAKE-SPEARES
SONNETS.
Neuer before Imprinted.
AT LONDON
By G. Eld for T. T. and are
to be solde by william Aspley.
1609.

1609年出版的莎士比亚十四行诗集

1613年6月，莎士比亚的最后一个剧本《亨利八世》在环球剧场演出，没想到溅出的火星点燃了剧场的茅草屋顶，剧院被烧毁。神奇的是，3000名观众无一受伤，而且，所有的道具、服装以及剧本手稿都被抢救了出来。要知道，当时莎士比亚一半的剧本都还没有出版呢！

重建后的环球剧场改用了琉璃瓦屋顶，并于1614年重新开业。但好景不长，1642年，清教徒得势， 议会下令关闭伦敦所有的剧院，环球剧场没能躲过被拆除的命运。

Mr. WILLIAM
SHAKESPEARES
COMEDIES,
HISTORIES, &
TRAGEDIES.
Published according to the True Originall Copies.

1623年出版的《第一对开本》扉页

如今的环球剧场是美国演员山姆·沃纳梅克（Sam Wanamaker）筹资兴建的，坐落在莎士比亚环球剧场旧址附近，1997年开张，每一个细节都尽量与老剧场一模一样，是伦敦少有的都铎式建筑的典范，12000个橡木销子把所有木料穿插在一起，拥有1666年大火之后唯一得到政府允许的茅草屋顶（剧场内有隐形喷水器保障安全），天花板上绘有太阳、月亮和星星，而演出也跟莎士比亚所处的时代一样，是露天的。

LOVE LANE
爱情巷。第一对开本

爱情巷（Love Lane），任何大都市都能找到的普通街巷，是“莎士比亚”与“爱情”，使它成为西堤区最浪漫的所在。

这里有个美丽的小花园，春日里，蜂团蝶阵闹纷纷，莎士比亚的半身像就坐落在繁花绿叶之中，慕名而来的游客把这个小地方挤得满满当当。虽然是莎士比亚的雕像，但它真正纪念的，却是莎士比亚的忠实朋友、演员约翰·赫明斯（John Hemince）与亨利·康德尔（Henry Condell），这里是他们曾经居住以及最后的长眠之地。莎士比亚去世后，正是他们不计代价地收集、整理他的作品，才使它们免于散失在无情岁月的缝隙中。1623年，他们出版了《第一对开本》（First Folio），其中包括36部莎士比亚作品，它们中的18部是首次出版。

交通：
地铁站 St.Paul's下，
步行 10分钟

GUILD HALL
金融城市政厅。布克之夜

地址：
Gresham Street
EC2P 2EJ

开放时间：
5月到 9月：10：00-17：00，
10月到 4月：10：00-17：00
（周一至周六）

交通：
地铁站 St.Paul's下，
步行 10-15分钟

1805年的金融城市政厅

参观伦敦金融城市政厅（Guild Hall）仿佛有点奇怪，但如果知道当代英语小说界的最高奖“布克奖”每年都在这里公布得奖名单并举行颁奖晚宴，那么，费点功夫找到它也是值得的。

1977年，评委会主席、诗人菲利普·拉金（Philip Larkin，1922–1985）“要挟”说，如果保罗·斯科特（Paul Scott，1920–1978）的《眷恋》（Staying On）没有得奖的话——后来得奖了，他就从窗口跳出去；2011年，在三次落选之后，朱利安·巴恩斯（Julian Barns，1946–）终于凭借《终结感》（The Sense of an Ending）获得布克奖。在颁奖典礼上，他这样建议：“如果实体书——现在我们只能这样称呼它——要抵制电子书的挑战的话，那它应该看上去值得买，而且值得拥有。”至于如何使用5万英镑的奖金，巴恩斯开玩笑说自己原本迫切需要一根新表带，但，“现在我能买一块新表啦”。

齐普赛街上的圣玛丽勒本教堂(St Maryle-bow Church)，据说只有出生在它的钟声可达范围内的人，才算得上是真正的伦敦人。1861年，诗人济慈曾居住在教堂旁边

位于城堡短街(Castle Court)的乔治与兀鹰酒馆，狄更斯笔下的匹克威克先生就曾待在这里

康希尔街旁的城堡短街，伦敦第一家咖啡馆就诞生在这里

康希尔街是诗人托马斯·格雷的诞生地

BANK
银行里的作家们

交通：
地铁站 Bank下

一走出名为“银行”（Bank）的地铁站，便发现自己正处于一个狭窄地带，雄伟的皇家交易所（Royal Exchange）、英格兰银行（Bank of England）分列两边，十分具有压迫感。就是这么一个充满“铜臭味”的地方，曾有三位作家于不同时期分别效力于不同的银行。

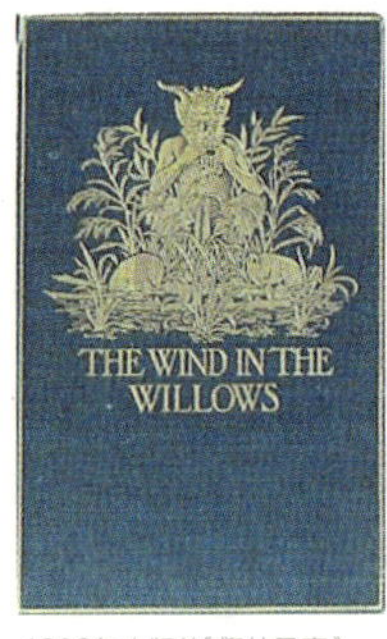

1908年出版的《柳林风声》

1879年，年仅20岁的肯尼斯·格雷厄姆（Kenneth Grahame,1859–1932）成为英格兰银行的“绅士职员”。他白天工作，夜晚则书写“心灵的最高虚构笔记”。1908年，他正式退休，同年，他写给自己儿子“小耗子”的童话《柳林风声》正式出版。在给连读三遍的热情读者、美国前总统西奥多·罗斯福（Theodore Roosevelt，1858–1919）的信中，格雷厄姆写道：“这是一本关于生活、阳光、流水、林边、尘土飞扬的公路、冬

日篝火的书。它表达了生活里最简单事物中最简单的乐趣。”

1900至1902年间，有“英国文学表演的跳蚤市场”之称的作家P.G.伍德豪斯（Sir Pelham Grenville Wodehouse，1881–1975）进入位于伦巴底街（Lombard Street）的“香港上海银行”（也就是现在的汇丰银行）工作。某天，他打开一本新账本，在第一页上写了个短故事，然后撕掉。这件事被发现后，P.G.伍德豪斯的银行生涯也就接近尾声了。

至于最有名的银行职员，当然是T.S. 艾略特。在当了一段时间老师后，他进入劳埃德银行（Lloyd's Bank）殖民地与外国部门。在 1917 年 3 月给母亲的信中，艾略特写道：

“我现在每星期赚两英镑外加十便士，我要做的就是每天从九点一刻到下午五点坐在办公室里……我确实很享受这份工作，它没有教书那么累，而且相比之下更有意思……文件柜就是我的职责范围所在，所有与劳埃德银行有业务往来的外国银行的资产负债表都装在里面。我负责将它们制表、归档。”

虽然艾略特自己认为“这真是一件平和的工作，而且非常有意思，你还能用到一些推理能力”，但在爱护他的才华的朋友眼里，银行办公室里的他“像一只饲料箱里的黑鸟一般，埋首于一张覆满各式各样外国往来信件的大桌子中……”

每天，在这伦敦繁华的一角，艾略特看到上班族“鱼贯地流过伦敦桥”，经过威廉国王街（King William Street）一直走到圣玛丽伍诺斯教堂（St Mary Woolnoth Church），而这也成为《荒原》的背景——

人人的眼睛都盯着自己的脚前/流上山，流下威廉王大街/直到圣玛丽伍诺斯教堂里报时的钟声敲着最后的第九下/阴沉的一声。

从上至下：
1 肯尼思·格雷厄姆
2 P·G.伍德豪斯与妻子、女儿
3 1923年的 T.S.艾略特，当时他还在康希尔街劳埃德银行工作

32 CORNHILL
康希尔街。遇见勃朗特姐妹

作为银行街，康希尔街（Cornhill）并不宽阔，但严谨而又有威严。如果走过这条街，请千万不要错过32号那高大的木门，在它右手边的最下方，雕刻着文学史上著名的一次会面。

1847年底，柯勒·贝尔（夏洛蒂·勃朗特Charlotte Bronte，1816–1855）的小说《简·爱》、埃利斯·贝尔（艾米莉·勃朗特Emily Bronte，1818–1848）的小说《呼啸山庄》、阿克顿·贝尔（安妮·勃朗特Anne Bronte，1820–1849）的小说《艾格妮斯·格雷》前后脚出版，英国文坛为之震动。

关于使用笔名出版小说，夏洛蒂后来写道："我们并不喜欢宣布我们是女人，因为——毫无疑问的，我们的著作和思想是不会被称为'女性的'——我们有了模糊的印象：女作家是应该对偏见袖手旁观的。我们注意到评论家有时是如何因为个性而抨击，有时则是用谄媚当作鼓励，这些并不是真正的评价。"

地址：
32 Cornhill Street

交通：
地铁站 Bank下，
步行 5分钟

1848年，夏洛蒂与安妮第一次来到伦敦，到当时位于康希尔街32号的史密斯&埃尔德出版公司拜访她们的出版商。那一天，萨克雷也在。当看到柯勒和阿克顿竟然是女性时，在场的所有人都大吃一惊。多年后，萨克雷在纪念夏洛蒂的文章《最后一幅素描》中说："凡是读过她的书的人，谁不钦佩这位妇女对真理的炽热的爱，她的勇敢，她的纯真，她对邪恶的义愤，她热切的同情心，她虔诚的爱和信仰，她激越的荣誉感。一种急切的诚实是这位妇女的性格特征。"

勃朗特三姐妹画像，1834年由她们的兄弟布兰威尔所绘，从左至右分别是安妮、艾米莉、夏绿蒂，而当中那个模糊的影子就是布兰威尔自己。该画现存于英国国家肖像画廊

BUNHILL FIELDS
邦坡墓园。寻找威廉·布莱克

地址：
City Road EC1

开放时间：
10月至3月 7:30-16:00，
4月至9月 7:30-19:00
（周六、周日及银行假日：
9:30-16:00）

交通：
地铁站 Old Street下

威廉·布莱克

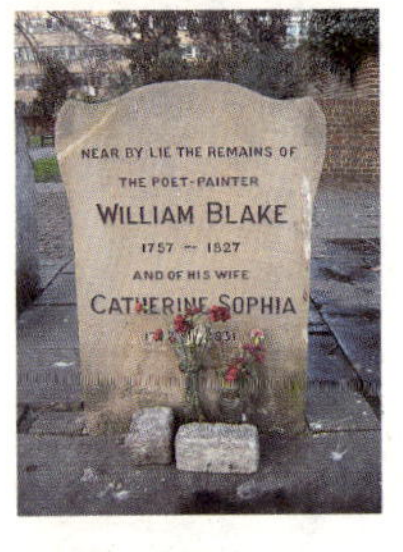

邦坡墓园（Bunhill Fields）是“英国与欧洲小说之父”丹尼尔·笛福(Daniel Defoe，1660–1731)以及《天路历程》(The Pilgrim's Progress）的作者约翰·班扬(John Bunyan，1628–1688)的长眠之地，但让这片拥有三百多年历史的墓地变得极富梦幻色彩的，却是威廉·布莱克。

这位自比为先知的诗人，据说4岁就看到了宗教幻像，看到了满是天使的树和安葬在威斯敏斯特大教堂的先贤古圣，甚至还可以与“白色诸神”交谈。他不仅写诗，还为它们配上自己画的画，并与妻子一起制作了名为《天真之歌》的诗画集。在他看来，“所有的形式都在诗意的构想中完美，但这不是抽象，也不是来自自然，而是来自想像”，“思想从不在天堂中遨游的人不是艺术家”。

只是，找到他的墓并不是那么容易的一件事，仅有的可以得到的提示是：它与丹尼尔·笛福的墓相隔不远，在一堵墙的旁边。

也许，正是因为没有人能说清具体位置，威廉·布莱克的墓和他的诗一样，有一种飘忽而神秘的气质。当你按捺住急躁的游客心情“众里寻他千百度”，而最后终于找到的时候，心情是那样的特别。也许，你会发现之前有人在墓碑上系上了丝带；也许，你会看到墓碑前摆放着新鲜的花束……

仿佛是注解一般，他曾在诗中这样写道——

千万别试图说出你的爱/爱永远不能被说出来/因为你不能听到或看见/那吹拂的微风。

威廉·布莱克的画作

爱情巷
Wood St.
金融城市政厅
Gresham St.
Foster Lane
St. Paul's
King St.
Princes St.
英格兰银行
Bank
皇家交易所
Cheapside St.
Cornhill
圣保罗
大教堂
Poultry St.
康希尔
街32号
Cannon St.
Queen Victoria St.
King William St.
圣玛丽伍
诺斯教堂
Lombard St.
Cannon St.
Monument

MORE 周边还有……

TOWER OF LONDON
伦敦塔

伦敦塔是中世纪时英格兰国王和女王住过的宫殿，现在是王室珠宝和皇家军械库的所在地。这里不仅可以看到亨利八世两位妻子被斩首的地方以及血塔（Bloody Tower），还可以看到镶嵌有317克拉钻石的帝国王冠(Imperial State Crown)以及镶嵌了世界最大的530克拉钻石“非洲之星”的十字令牌。

地址：Tower Hill, EC3N 4AB
开放时间：
3月至10月
周一周日 10：00-18：00；
周二至周六 9：00-17：00
11月至2月
周一周日 10：00-17:00
周二至周六 9：00-17：00
地铁站 Tower Hill下

TOWER BRIDGE
伦敦塔桥

有着哥特式外观的伦敦塔桥，完工于1894年，1976年以前它都由蒸汽驱动，遇到大船或者特殊场合，可以从中间断开，如今已经改用电动。如果想看塔桥升起，建议先上网查询。

地址：Tower Bridge Road, SE1 2UP
开放时间：
4月至9月 10：00-18：30，
10月至3月 9：30-18：00
网址：www.towerbridge.org.uk
地铁站 Tower Hill下

MUSEUM OF LONDON
伦敦博物馆

1976年开馆，规模宏大，坐落在古老的伦敦墙自然形成的环形中央，编年式的展览从“前伦敦时期的伦敦”开始。1999年的文学节上，美国前总统比尔·克林顿（Bill Clinton,1946-）最喜欢的作家沃尔特·莫斯利(Walter Mosley,1952-)在这里举办了一次朗诵会。

地址：150 London Wall, EC2Y 5HN
开放时间：
周一到周六 10：30-17：50；
周日 12：00-17：50
地铁站 Barbican下

CHURCH OF ST BARTHOLOMEW-THE-GREAT
圣巴塞洛缪大教堂

它是伦敦最古老的教堂，如今还可以看到的是建于1123年的奥古斯丁修道院的一部分。对约翰·贝奇曼来说，这是仅存的可以让人回到中世纪伦敦的两座教堂之一。1660年，约翰·弥尔顿因为发表了反皇文章被查理二世通缉时，曾在教堂庭院的拱门下避难；美国政治家、科学家本杰明·富兰克林（Benjamin Franklin,1706-1790）曾在女士礼拜堂（Lady Chapel）当过学徒。教堂还曾出现在电影《四个婚礼与一个葬礼》以及《莎翁情史》中。

地址：West Smithfield Street,EC1A 9DS
开放时间：
周一到周五：8：30-17：00
（11月到2月至 16：00）；
周六 10：30-13：30
周日：14：00-18：00
地铁站 Barbican下

“我们住在这个伟大的伦敦市内，就在我个人最喜欢的地点上。剧院总是热闹非凡。考文特花园比任何奥尔辛诺王室庭院（Garden of Alcinous）更令我喜爱，我们出于道义而相信这里是豌豆和‘芦笋’最早的产地。”

——查尔斯·兰姆致多萝西·华兹华斯

CHAPTER 03
COVENT GARDEN
考文特花园的日与夜

伦敦下了一天的雨。考文特花园（Covent Garden）市场明亮的绿色外墙和玻璃拱顶在灰色的天空下闪着微光，生气勃勃。

复活节刚过，市场里到处点缀着精致的复活节彩蛋。明亮的玻璃穹顶下，一阵悠扬的歌声如彩云飘荡，是一位穿着现代的女孩正在中庭演唱歌剧。你若欣赏这片歌声，就给上一些钱币，若不喜欢，走开便是。

虽然如今是著名的购物区和旅游景点，但12世纪时，考文特花园还属于威斯敏斯特大教堂，可能是女修道院（Covent）的花园；16世纪，教士们在花园里种起了蔬菜水果，吃不完的就拿去卖，自此渐渐形成市场。待到17世纪，贝德福德伯爵想把考文特花园改造成更适合绅士居住的高级住宅区，于是，设计师伊尼果·琼斯（Inigo Jones）为这里设计了意大利风格的拱顶广场以及圣保罗教堂（St Paul's Church）。诗人托马斯·格雷（Thomas Gray，1716–1771）曾到这里买鲜花装饰他的房间。至于狄更斯，从小就为考文特花园着迷。他喜欢这里热热闹闹的俗世景象，虽然维多利亚时期的考文特花园，满是客栈与妓院，到处是行迹可疑的人。在小说《匹克威克外传》中，狄更斯安排乔布·特洛特在这里的一个蔬菜筐里睡了一夜，而大卫·科波菲尔口袋空空时常常会到考文特花园市场看菠萝——穷困潦倒时的狄更斯曾死盯着这里被拍卖的菠萝看——还在这里为爱人朵拉买了一个花球。

岁月的无常与时代的变迁，让考文特花园时而被热捧，时而被冷落，时而高雅，时而落魄。唯戏剧永存。

1737年的考文特花园

这里有伦敦最古老的剧院，早在1662年5月9日，塞缪尔·佩皮斯就在他著名的日记里写道，他在考文特花园观看了“意大利木偶戏”《潘趣与朱迪》（Punch and Judy）的首场演出。18世纪，英国历史上最著名的演员之一、剧作家兼戏剧导演大卫·加里克（David Garrick，1717–1779）就居住在这里的南安普顿街（Southampton Street）27号。1950年代，T.S.艾略特的诗剧《鸡尾酒舞会》和诗人迪伦·托马斯（Dylan Thomas，1914–1953）的广播剧《在牛奶林下》，都曾在位于圣马丁巷（St Martin's Lane）的奥伯里剧院轰动上演……

雨时大时小，广场上的鸽子都似乎躲了起来。若是晴天，应该是最多街头艺人的——在开始职业生涯前，他们通常都会到这里表演，接受观众的检验。

几百年过去，这一带的面貌并没有太大改变，雨中漫步，想到伏尔泰、威廉·布莱克、乔治·奥威尔、狄更斯、“彼得兔”的作者比阿特丽丝.·波特（Beatrix Potter，1866–1943）都在这里居住过，他们或许也曾在这样的一天来街边的小商店买上几样东西，在广场上看街头艺人的表演，在圣保罗教堂的屋檐下躲雨，然后就这样与你我擦肩而过……

ROYAL OPERA HOUSE
皇家歌剧院。报名者狄更斯

在考文特花园广场边，可以看到优雅的皇家歌剧院（Royal Opera House），现今它作为世界四大歌剧院之一闻名世界，其实，1723年落成之后，它最开始上演的是英国人最拿手的戏剧。虽然冠之以“皇家”之名，但伦敦人更乐意称呼它为“考文特花园剧院（Covent Garden Theatre）”。

1830年代初，剧院招募演员，年轻的记者狄更斯也跑去报名。考试之前，他这样写道：“看，我可能马上就要过上另一种生活了。”据说重感冒使他错失了这次机会。还没来得及懊悔，狄更斯最初的作品便发表在了杂志上。有学者曾这样评论：“对狄更斯而言，职业的选择其实就是对生活、金钱的选择。他不想过贫困粗鄙的生活，演员是一种可能，当发现可以通过写作摆脱生活的困境后，他就会极力通过连载改变生活的现状。”

不过，狄更斯对表演的爱好一生未变，还曾在书中安排大卫·科波菲尔到考文特花园剧院看戏——想来这也应该是他热爱的事。而且，他也的确是一位优秀的演员，曾与业余剧团一起四处表演。狄更斯一生还举办过几百场朗诵会，其中朗诵最多最受欢迎的，便是他的《圣诞颂歌》。1859年，就在长地街（Long Acre）尽头的圣马丁会馆（St Martin's Hall），狄更斯三度朗诵他的《圣诞颂歌》，为儿童医院筹集资金。

据说，考文特花园每年夏天都上演关于狄更斯生活和作品的戏剧。对于这样一位热情的戏剧爱好者，没有比这更合适的纪念了。

地址：
Bow Street，WC2E 9DD

开放时间：
周一至周六 10：00-15：00

交通：
地铁站 Covent Garden下

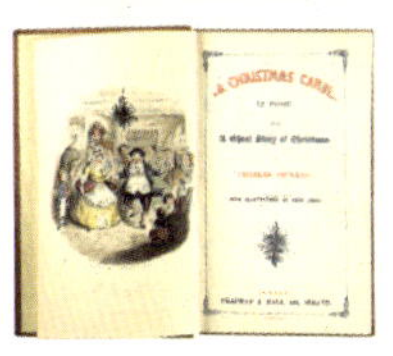

1843年出版的《圣诞颂歌》是狄更斯最爱朗读的作品

ST PAUL'S CHURCH
圣保罗教堂。演员的教堂

地址:
Bedford Street,WC2E,9ED

开放时间:
周一至周五 9:00-16:30,
周日 09:00-12：30
宗教仪式周三 13:10,
周日 11：00

交通:
地铁站 Covent Garden下

圣保罗教堂（St Paul's Church）高高的柱廊是考文特花园广场最醒目的存在。正是在这里，萧伯纳（George Bernard Shaw，1856–1950）安排他笔下的希金斯教授遇见了卖花女伊莉莎·杜利特尔（《卖花女（Pygmalion）》）。

圣保罗教堂被誉为“演员的教堂”，它与英国戏剧的渊

源，开始于1663年皇家剧院（Theatre Royal Drury Lane）的建立。众多演艺界人士或者在这里长眠，或者在这里被纪念。在教堂礼拜席左墙上，可以看到纪念卓别林（Charlie Chaplin，1889－1977）的石刻铭牌，而教堂内两侧的墙壁上，则镶嵌着许许多多木制铭牌，费雯丽（Vivian Leigh， 1913－1967）的铭牌也在其中，上面镌刻着莎士比亚《安东尼与克里奥佩特拉》中的台词：“现在你可以夸耀了，死神，一位佳人已为你占有”。费雯丽死后，骨灰撒入湖水之中，而她一生挚爱的劳伦斯·奥利弗（Laurence Olivier，1907–1989）则安葬于威斯敏斯特大教堂的“诗人之角”，作为20世纪最伟大的莎士比亚戏剧演员，他的骨灰就安放在莎士比亚纪念碑之前。

奥黛丽·赫本在根据《卖花女》改编的电影《窈窕淑女》中扮演伊莉莎·杜利特尔

不知道是否因为圣保罗教堂与舞台的亲密关系，2002年，美国著名歌手格温·斯蒂芬妮（Gwen Renee Stefani）选择在这里与同为音乐人的加文·罗斯代尔（Gavin Rossdale）举行婚礼。

费雯丽与劳伦斯·奥利弗

在安静又迷人的教堂庭院里，粉红的樱花树正值花期，一张张安静的长椅在雨中沉默不语。每一张椅子上都镶嵌着一块铭牌，每一块铭牌都是一份对逝者永不消逝的纪念。有趣的是，这里还有一条“星光大道”，建于2005年，类似于好莱坞的“星光大道”……

Everybody's Magazine

PYGMALION

A Romance in Five Acts by BERNARD SHAW

ACT I

1914年美国杂志关于《卖花女》的报道

走出教堂庭院，转入享利埃塔街（Henrietta Street），简·奥斯汀曾与哥哥一起住在这里的10号，楼下是一家银行，简·奥斯汀的哥哥是股东之一。和许多游客一样，购物是简·奥斯汀在伦敦时的一大乐趣。据记载，她曾在伦敦买了一顶带白花的帽子，还在一家名为雷顿－希尔斯的布店买了20码条纹府绸布料。

RULES RESTAURANT
鲁尔斯餐厅。不是作家，就是演员

地址：
35 Maiden Lane,
WC2E 7LB

营业时间：
周一至周六：中午至23:45，
周日：中午至22:45

交通：
地铁站 Covent Garden下，
步行5分钟

美登巷（Maiden Lane），一条清简的小街，伏尔泰曾在此居住。就在这条街上，有擅长英式烹饪的鲁尔斯餐厅（Rules Restaurant），1798年开业的它不仅是伦敦最古老的饭店，也是英国文学与戏剧的灿烂证明，约翰·贝奇曼曾说，就连它的地下室都是“独一无二且无可替代的，伦敦文学与戏剧的一份子”。

多年来，鲁尔斯餐厅都是作家、艺术家、演员、律师、记者环绕之地，最著名的顾客，除了狄更斯与萨克雷，还有1932年获得诺贝尔文学奖的约翰·高尔斯华绥（John Galsworthy，1867－1933）、以及H.G.韦尔斯。至于鲁尔斯餐厅自己，也被热爱它的作家客人如《故地重游》的作者伊夫林·沃（Evelyn Waugh，1903－1966）、曾21次获得诺贝尔文学奖提名的格雷厄姆·格林（Graham Greene，1904－1991）、著名间谍作家约翰·勒卡雷（John le Carre，1931－）写入他们的书中。

既然位于考文特花园，鲁尔斯餐厅自然也是众多演艺人士的心爱之地，在很长一段时间内，它都是非官方的“Green Room”（演员休息室），从第一位被英国君主授予骑士爵位的演员亨利·欧文（Sir Henry Irving，1838－1905）一直到著名的劳伦斯·奥利弗，英国舞台的历史是餐厅最堂皇的装

约翰· 高尔斯华绥

格雷厄姆· 格林

伊夫林· 沃

H .G. 韦尔斯

饰。至于电影，也把它最灿烂的名字献给了这里，比如卓别林、克拉克·盖博（William Clark Gable，1901–1960）、约翰·巴里摩尔（John Barrymore，1882–1942）、爱娃·加德纳（Ava Gardner，1922–1990）……

只消看看菜单就知道在这里吃饭所费不菲，但是，如果你热爱文学热爱戏剧，那么小小奢侈一把很是值得。一进门，那因流逝而苍白的往日时光仿佛一瞬间恢复了血色。据说餐厅里还有一个“狄更斯曾用房间”，许多物品都是狄更斯本人捐赠的呢！

STANFORDS MAPS AND TRAVEL BOOKSHOP

斯坦福书店。旅行从这里开始

地址：
12-14 Long Acre，WC2E 9LP

交通：
地铁站 Covent Garden下

从考文特花园地铁站（Covent Garden）出来后，直接转入长地街，可是一直走到尽头，都没有发现斯坦福地图与旅游书店（Stanfords Maps and Travel Bookshop）的踪迹，往回走后才发现，因为外墙装修，整个书店都被包裹了起来，因为下雨又打着伞，很容易便错过了。

走进书店便被震了一下——从来没见过这么多与地图有关的物件，从没想到地图也有这万般变化。低头一看，原来地板也是一大幅世界地图。

开业150多年来，斯坦福书店一直专营地图和旅游书籍，在柯南·道尔（Sir Arthur Ignatius Conan Doyle，1859–1930）的小说《巴斯克维尔的猎犬》中，大侦探夏洛克·福尔摩斯就是从这里拿到了巴斯克维尔的地图。

作为全球最大的旅行主题书店，要想把它上下三层全部看上一遍，估计得花上好几个小时。在各色各样的地图、旅行指南以及衍生产品间兜兜转转，直觉得所有与地图与旅行有关的，都在这里了。最可爱的是很多书架上都有一张小标签，上面写着“Books worth the journey”，推荐的是书架上的一本书，让人不至于乱花迷眼，很是贴心。

斯坦福书店的口号是：“从这里开始你的旅行。”

Bow St.
Long Acre
Covent Garden
皇家歌剧院
Russell St.
斯坦福书店
Floral St.
考文特花园市场
朱比利市场
King St.
圣保罗教堂
Garrick St.
Tavistock St.
Henrietta St.
New Row
鲁尔斯餐厅
Bedford St.
Maiden Lane
Southampton St.
St Martin's Lane
Strand
Chandos Place

"站在客厅的窗户旁看着那些树，实在令人惊奇：树在空中伸展着枝干，然后任其流泻下来；树在雨后闪烁着光芒，如同海豹的身体一般。"

——弗吉尼亚·伍尔夫《布鲁姆斯伯里旧事》

CHAPTER 04
BLOOMSBURY
布鲁姆斯伯里旧事

一百多年前，马克·吐温（Mark Twain，1835–1910）旅居伦敦时曾这样写道——

“伦敦是由很多村庄聚集而成的城市，当你住在其中一座村庄里，而它的四周又有着宁静的后街，以及一条你在其他任何村庄里都能看到的商店街时，你很难相信自己正身处世界最伟大都市的中心。”

布鲁姆斯伯里就是这样一个即使一百多年后的今天也会让你产生类似感慨的地方。

它的名字来自于Blemund's bury，Blemund是一位13世纪的庄园主威廉·德·布雷穆德，Bury指的是他的宅邸，所以，“Bloomsbury”真正的意思是“布雷穆德故居”。于今天的情形来说，“布鲁姆斯伯里”这个名字是这一地区最恰当的注解，因为在不大的范围内，分布着狄更斯、弗吉尼亚·伍尔夫（Virginia Woolf，1882–1941）、叶芝（William Butler Yeats，1865–1939）、萧伯纳、特德·休斯与女诗人西尔维娅·普拉斯（Sylvia Plath，1932–1963）曾经的居所。它们分布得是那样零散却又很奇妙得相距不远，甚至共享同一个花园。

BRITISH MUSEUM
大英博物馆阅览室。书影幢幢之谷

地址：
Great Russell Street, WC1B 3DG

开放时间：
周一至周四、周六、周日：10：00-17:30，
周五：9:00-20:30

交通：
地铁 Russel Square站或 Tottenham Court Road 站下，步行 5到 10分钟

作为全世界最著名的博物馆之一，有着希腊复兴式外观的大英博物馆一直都是作家的灵感之地。诗人济慈特别仰慕希腊精神，称它是“喜悦的宗教”，正是博物馆中丰富的希腊珍藏，让他写出了著名的《希腊古翁颂》：“美即是真，真即是美——那是全部/你在尘世所知，还有该知的一切”。如今，你依然能在博物馆中看到那些精美的希腊艺术品。

除了丰富的藏品，大英博物馆的阅览室（Reading Room）也为居住在伦敦的作家们提供了一块清净地。这个建于1857年的阅览室，有着巨大的彩绘穹顶，360度环绕的书架并排的话可以绵延40公里，是“一座圆形的荟萃了蓝白金三色的非凡之殿”，小说家乔治·吉辛（George Gissing，1857–1903）更是称这里为“书影幢幢之谷”。

起初，阅览室只对专家以及作家开放，每个人都需要阅览证，马克思（Karl Heinrich Marx，1818–1883）就是在

大英博物馆阅览室

济慈

这里完成了《资本论》；厌恶自己那套没有沐浴设施的住所的萧伯纳，则把这里当成避难所，研读了整部《大英百科全书》，并在阅览室里认识了马克思的女儿埃莉诺以及剧评家威廉·阿彻（William Archer，1856–1924）——后者还为当时贫困的他找了一份给报纸写评论的工作，“我从那座伟大的图书馆所受惠的……是无法计算的”。

此外，托马斯·哈代、乔治·艾略特（George Eliot，1819–1880）、吉卜林、王尔德、弗吉尼亚·伍尔夫也都曾在这里流连。如今，阅览室已经向所有人开放，来到这里便可以亲眼看到那些闪亮的名字停留过的桌椅，只是已无人能说清具体的位置——马克里显然喜欢坐在旧参考书架旁的座位，大约是 K 和 P。

大英博物馆阅览室内景

BEDFORD SQUARE
贝德福德广场。文艺界的假面舞会

在大英博物馆旁边，可以找到伦敦保存最完好的乔治亚式广场——贝德福德广场（Bedford Square），这里的房子整齐端庄，四面的主房通体雪白，异常醒目。直到1980年代晚期，这里都是伦敦出版业的中心，霍德与斯托顿出版社在47号，查达与温达斯出版社、乔纳森·凯普出版社、博德利·黑德出版社则共享31与32号。

贝德福德广场52号曾经的主人是诗人罗伯特·布里杰斯(Robert Bridges，1844–1930)，他就是在这里写下了美丽的《伦敦之雪》（London Snow）。44号则属于当时的社交名媛欧图琳娜·莫雷尔夫人（Lady Ottoline Morrel，1873–

交通：
地铁 Russel Square站
或 Tottenham Court Road
站下，步行 10分钟

1938）。作为不列颠的最高贵族，她热衷于赞助她喜爱的文艺界人士。她组织假面舞会、野餐、音乐会。她的家处处散发香气，处处是精致而富有异国情调的小物件。她和她那一米八五的身高、红色的头发、绿色的眼睛，经常出现在那一时期不列颠文艺人士的书信与日记中——并不都是好话。

1908年，莫雷尔夫人与弗吉尼亚·伍尔夫相识。虽然伍尔夫说起莫雷尔夫人时有很多刻薄话，但布鲁姆斯伯里小组的成员还是与萧伯纳、济慈、卓别林等等文艺界顶尖人士一样，成了贝德福德广场44号的座上宾。1912年5月，亨利·詹姆斯也来到这里，并对莫雷尔夫人的“窗帘布幔装”发表了评论。

1927年，莫雷尔夫人搬到了附近的高尔街（Gower Street）10号。1932年6月的一个舞会上，T.S.艾略特遇到了年轻的意大利小说家阿尔贝托·莫拉维亚（Alberto Moravia，1907–1990），不久之后，他便以小说 *The Conformist* 声名大噪，1970年，这部小说由著名导演贝托鲁奇改编为电影《随波逐流的人》。

在当时的伦敦，莫雷尔夫人是很多作家与艺术家的导师甚至是保护人，也是她许多客人的情人，比如1950年诺贝尔奖文学奖得主、哲学家伯特兰·罗素（Bertrand Arthur William Russell，1872–1970）。当时最重要的画家都为她画过肖像，她也被很多与之来往的作家写入书中，比如奥尔德斯·赫胥黎（Aldous Leonard Huxley，1894–1963）、格雷厄姆·格林。D.H.劳伦斯（David Herbert Lawrence，1885–1930）曾说：“欧图琳娜深深打动了男人的想象，那或许是一个女人所能做的最伟大的事”，他的小说《恋爱中的女人》中，赫莱欧妮的原型就是莫雷尔夫人。

有人说欧图琳娜·莫雷尔夫人长得很难看，也有人说她是当时有名的美人

RUSSEL SQUARE
罗素广场。艾略特的爱与哀愁

在罗素广场（Russel Square）靠近沃本广场路（Woburn Square）的角落里有一幢朴素的小楼，它曾是法柏&法柏出版社的所在地，在大门外面对广场花园的墙壁上，有一枚褐色徽章记载着法柏&法柏出版社最著名的员工T.S.艾略特，他曾在这里工作了40年（1925年–1965年），为法柏&法柏成为最好的新潮诗歌出版社立下了汗马功劳。

虽然“想要离开银行，我当然也不愿想象自己要在那里度过余生”，但艾略特一直无法下定决心——他一向是位反浪漫主义诗人，对于需要冒险的事情没有兴趣。在给母亲的信中，他写道：“银行的工作，能让人看到高薪的希望。我了解这些同事，也很喜欢他们，他们也都喜欢我”，而且，“在银行工作，我能以一种更好的方式对伦敦舆论、英语文学施加影响。我是个公认的不偏不倚的评论家……”

交通：
地铁站 Russel Square 下

在法柏&法柏出版社工作时的艾略特

莫雷尔夫人拍摄的维维恩（左一）

最后打动艾略特的，是出版商杰弗里·法柏（Geoffrey Faber，1889–1961），他于1925年成立了法柏&格怀尔出版社（后来更名为法柏&法柏出版社）。法柏十分欣赏艾略特，两人谈妥条件后，感觉新工作安定而又有前途的艾略特，终于给劳埃德银行写去了辞职信。

作为编辑，艾略特的办公室就在罗素广场这栋小楼的三楼，壁炉台上放着弗吉尼亚·伍尔夫与法国诗人保罗·瓦莱里（Paul Valery，1871–1945）的照片，地板上则堆满了书。

虽然不是布鲁姆斯伯里小组的一员，但艾略特在那里有

法柏＆法柏出版社曾经的办公地位于罗素广场的角落里

不少朋友，他的《诗集》以及《荒原》都是由弗吉尼亚·伍尔夫的霍加斯出版社出版的。伍尔夫记得，当时的艾略特“是个怪异的年轻人”，但她喜爱他的诗。

但是，生活对于艾略特来说，并不只是优美的诗歌。他的妻子维维恩（Vivien）有心理疾病，婚后状态越来越不稳定，而这也影响了艾略特。1932年从美国回来后，艾略特再也没有回到妻子身边。于是，维维恩常常会出现在法柏&法柏出版社的大门口，而艾略特听说后就会飞快地溜走。

两年后，维维恩在《泰晤士报》上登了一则启事：“请T.S.艾略特回到1932年9月17日他遗弃的位于克拉伦斯门花园的家。”偶尔，她还会站在法柏&法柏出版社旁边，手里拿着广告牌：“我是T.S.艾略特抛弃的妻子。”

1938年，维维恩被看管了起来，9年后在医院去世。

1948年，艾略特获得诺贝尔文学奖。

1956年，正是在罗素广场的这栋小楼里，艾略特向他的秘书瓦莱丽·弗莱彻（Valerie Fletcher）求婚。当时，他68岁，她30岁。

1902年的弗吉尼亚·伍尔夫，该画像现藏于英国国家肖像画廊

GORDON SQUARE
戈登广场。布鲁姆斯伯里小组

沿着沃本广场路往前走，转入戈登广场（Gordon Square），弗吉尼亚·伍尔夫曾经的寓所就在广场花园的右手边，白色的外墙上有一枚蓝色徽章标识着这一惹人遐想的文学地点。和布鲁姆斯伯里大多数地方一样，如今它是伦敦大学（London University）的一部分。

1904年，二十出头的弗吉尼亚和她的姐姐瓦妮莎（Vanessa）、弟弟阿德里安（Adrian）一起搬到了戈登广场46号他们租的大房子里。之后，每个星期四的晚上，正在剑桥读书的哥哥索比（Thoby）都会邀请学校的文学社团"使徒社"的成员到这里聚会，探讨文学、艺术和政治问题。在戈登广场花园的入口处立有黑色的指示牌，上面的文字与照片纪念的就是这段充满色彩的过往，虽然在D.H.劳伦斯看来，布鲁姆斯伯里小组是个"聚集了自我欣赏者的令人痛恨的团体"。

著名的戈登广场 46号

戈登广场旁边，是塔维斯托克广场（Tavistock Square），1923年，弗吉尼亚与丈夫伦纳德·伍尔夫（Leonard Woolf，1880–1969）搬到了这里的52号。在此居住的6年间，弗吉尼亚写了5部小说，并继续和丈夫一起经营霍加斯出版社。可惜的是，他们曾经的家已经毁于二战。

在塔维斯托克广场边，可以找到英国医药协会(British Medical Association)，1851年至1860年间，狄更斯就住在这里，因为房子很大，他可以继续进行他的戏剧演出，而《荒凉山庄》与《双城记》也是在这里完成的。

英国医药协会，狄更斯曾在此居住了 9年

CHARLES DICKENS MUSEUM
狄更斯的房间

地点：
48 Doughty Street，
WC1N 2LX

开放时间：
周一至周六 10:00-17:00，
周日 11：00-17:00

交通：
地铁站 Russel Square下，
步行 10到 15分钟

上午的道蒂街(Doughty Street)异常宁静，原以为位于48号的狄更斯博物馆会是热闹之地，没想到门前却冷冷清清。紧闭的大门上贴着告示：因为重新装修，博物馆从4月10日起闭馆，2012年12月重新开放。

无比失望。虽然这不是狄更斯唯一的伦敦住所，却是唯一的博物馆。1837年，新婚一年的狄更斯，因为小说《匹克威克外传》的成功，告别了之前居住的客栈里的小房间，搬到了道蒂街48号——一所带凉台的大房子。

在这里居住的两年间，狄更斯不仅迎来了自己的大女儿玛丽与二女儿凯特，还完成了《匹克威克外传》的最后部分、《雾都孤儿》以及《尼古拉斯·尼克贝》。

1925年，这里成为狄更斯博物馆，很多房间都布置得和当年一模一样，书房里展示着狄更斯最爱的书桌，他晚年收藏的威廉·霍加斯（William Hogah，1697–1764）的画还挂在画室的墙上。博物馆里还收藏着各种与狄更斯工作、生活有关的物件，从他临终前写作《埃德温·德鲁德之谜》时使用的鹅毛笔到他的信件、手稿，以及他作品的第一版。与大多数维多利亚时代的人不同，狄更斯喜欢光，为了使房间更加明亮，他在家里放了很多面镜子。

当时，17岁的玛丽·霍加斯——狄更斯妻子凯瑟琳的妹妹——也搬来和姐姐姐夫同住，但不久便因心脏病发作死在狄

3

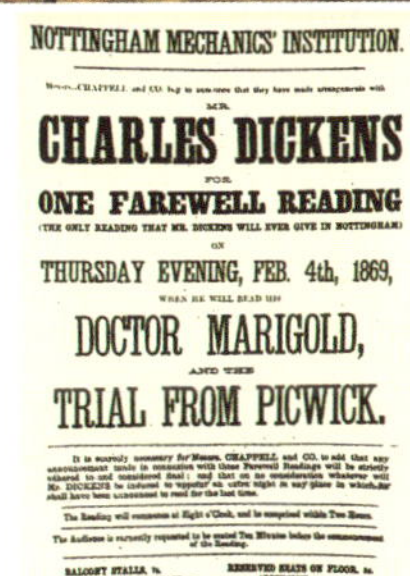

NOTTINGHAM MECHANICS' INSTITUTION.

Messrs. CHAPPELL and CO. beg to announce that they have made arrangements with

MR.

CHARLES DICKENS

FOR

ONE FAREWELL READING

(THE ONLY READING THAT MR. DICKENS WILL EVER GIVE IN NOTTINGHAM)

ON

THURSDAY EVENING, FEB. 4th, 1869,

WHEN HE WILL READ HIS

DOCTOR MARIGOLD,

AND THE

TRIAL FROM PICWICK.

It is scarcely necessary for Messrs. CHAPPELL and CO. to add that any announcement made in connection with these Farewell Readings will be strictly adhered to and considered final; and that on no consideration whatever will Mr. DICKENS be induced to 'appoint' an extra night in any place in which he shall have been announced to read for the last time.

The Reading will commence at Eight o'Clock, and be comprised within Two Hours.

The Audience is earnestly requested to be seated Ten Minutes before the commencement of the Reading.

BALCONY STALLS, 7s. RESERVED SEATS ON FLOOR, 5s.
SECOND SEATS, 3s. ADMISSION, 1s.

Tickets may be obtained of Mr. H. FARMER, at his Music Warehouse, High Street, where the Plan of the Room may be seen and Places secured.

4

1. 1839年丹尼尔·麦克利斯（Daniel Maclise，1806-1870）所画的居住在道蒂街时的狄更斯，曾被用在《尼古拉斯·尼克贝》中
2. 弗雷德·巴纳德（Fred Bernard）为《大卫·科波菲尔》创作的插画，在狄更斯博物馆里有许多他根据狄更斯作品创作的维多利亚版画
3. 这个木头小海军是狄更斯在莱登霍尔大街偶然看到的一个商标，后来以索尔·吉尔斯商店的商标出现在《董贝父子》中
4. 狄更斯朗诵会的推广海报，时间是 1869年 2月 4日
5. R.B.布斯（Robert William Buss，1804-1875）创作的《狄更斯之梦》，这副未完成的作品表现的是狄更斯坐在盖德希尔家中的书房里，被他笔下的人物包围

更斯的怀里。狄更斯很喜欢这个妻妹，她的死让他悲痛异常，此后一直戴着玛丽的戒指，在他的许多作品中都可以看到玛丽的影子，比如《老古玩店》中的小奈儿。如今，玛丽曾经的房间里集中展示了狄更斯对于戏剧的热爱。

萧伯纳，1925年“因为作品具有理想主义和人道主义”而获得诺贝尔文学奖

FITZROY SQUARE
萧伯纳故居。房子与人

与贝德福德广场一样，菲茨洛伊广场（Fitzroy Square）也是漂亮的乔治亚式广场。1887年，萧伯纳和母亲一起搬到了这里的29号。他们租下的是三楼和四楼，但萧伯纳很不喜欢，就像讨厌之前所住的菲茨洛伊街（Fitzroy Street）37号一样，他觉得菲茨洛伊广场的新家“令人沮丧”，是“一间最令人厌恶的房子”。

他在这里足足住了 11 年,写下了早期的 7 部剧作,其中,1894 年上演的《武器与人》确立了他作为剧作家的地位。

1890年代末，萧伯纳在病中时，与照顾他的富有的夏洛特·佩恩·汤森德（Charlotte Payne-Townshend，她和萧伯纳一样，也是爱尔兰人）订立婚约，并于1898年结为夫妇。婚后，萧伯纳立即从菲茨洛伊广场搬到了妻子的家中，在那里舒适地生活了30年。

差不多10年后的1907年，菲茨洛伊广场29号迎来了弗吉尼亚和她的弟弟阿德里安，他们之前所住的戈登广场46号则归姐姐瓦妮莎与丈夫克莱夫·贝尔(Clive Bell)所有。在菲茨洛伊广场居住的5年间，弗吉尼亚恢复了因为哥哥索比去世而中断的“星期四晚会（Thursday Evenings）”，他们的客厅再一次成为伦敦文艺重镇。

值得一提的是，狄更斯20岁时曾住在菲茨洛伊广场25号，而把易卜生（Henrik Johan Ibsen，1828-1906）引介到英国的主要人物、剧评家威廉·阿彻则住在27号。

交通：
地铁站 Warren Street下

ELENA'S L' ETOILE
艾略特的“星辰”

地址：
30 Charlotte Street，
W1T 2ND

开放时间：
午餐周一至周五
12：00-14：45
晚餐周一至周六
18：00-22：30
（周日，银行假日休息）

交通：
地铁站 Goodge Street下

下午，走出古吉街地铁站（Goodge Street），从古吉街转入夏洛特街（Charlotte Street），远远便可以看到一栋蓝白色小房子娇俏地站在路边，高高扬起的店招上是一颗星星，在严谨优雅的伦敦街道上，它的出现因为太过浪漫而显得有点超现实。

它叫“星辰”（Elena's L'Etoile）。曾经，在法柏&法柏出版社工作的T.S.艾略特最喜欢步行到这家距离他办公室不远的餐厅吃饭。

还未到晚餐时间，“星辰”大门紧闭，门口的铸铁栏杆内，鲜花正开的热闹。透过巨大的玻璃窗看到有服务生在整理餐厅，便敲门进去。听说我们是来自中国上海的媒体，总经理Andreas Thrasyvoulou先生不但愉快地答应了我们拍摄的要求，还特意送上了咖啡。

在伦敦，这家1896年开业的法国餐厅是一个传奇，一百多年来，它一直都是作家、艺术家、演员的心爱之地，有一种属于旧时代的富丽堂皇，其中最最醒目的是墙壁上满满当当的文艺界名人与演员的照片。或许，对一家为自己的历史而自豪的餐厅来说，最好的装饰品就是那些热爱这里的人留下的印迹。

SUNDAY
THE
OSCARS
71ST ANNUAL ACADEMY AWARDS

Gordon Square
Endsleigh Place
Tavistock Square
狄更斯故居
伍尔芙故居
Gordon Square
Woburn Square
Russell Square
Guilford St.
Doughty St.
狄更斯博物馆
Gower St.
Russell square
法柏法柏前办公室
罗素广场
Montague place
贝德福德广场
大英博物馆
Tottenham Court Road
Bloomsbury St.
Tottenham Court Road
Holborn

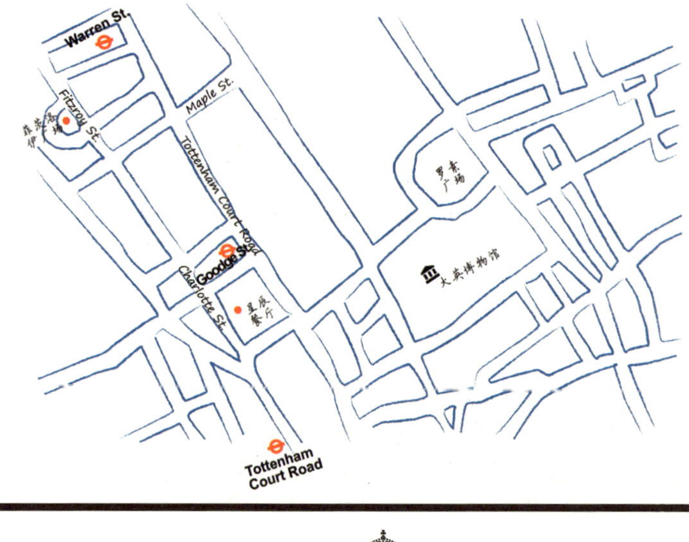

Warren St.
Maple St.
Fitzroy St.
菲茨洛伊广场
Tottenham Court Road
罗素广场
Goodge St.
Charlotte St.
星辰餐厅
大英博物馆
Tottenham Court Road

MORE 周边还有……

LONDON UNIVERSITY'S SENATE HOUSE
伦敦大学评议会会议厅

第二次世界大战期间，紧挨着大英博物馆的伦敦大学评议会会议厅（London University's Senate House）是一个奇怪的作家三人组的大本营。当时，这里属于信息部，它的成员是乔治·奥威尔、伊夫林·沃、与阿加莎·克里斯蒂(Agatha Christie，1890-1976)齐名的女侦探小说家多萝西·L·塞耶斯(Dorothy Leigh Sayers，1893-1957)，他们受聘协助国家提高英国人的士气。伊夫林·沃在《挂出更多的旗帜》中，将这里形容为“巨大的石造建筑群”；乔治·奥威尔以它为蓝本，写出了《1984》中的“真理部”（Minstry of Truth）：“那是一座闪亮的白色建筑的金字塔结构，建筑往上飞升，层层叠叠，耸入三百公尺高的天际；多萝西.L.塞耶斯则评论说：“这个地方挤满了每个人的妻子与侄子或外甥，所有实际的工作似乎都提交给别的部门执行，是一个和任何拘禁国家的惹事生者同样好的地点。”

GREAT ORMOND STREET HOSPITAL FOR CHILDREN
大奥蒙德街儿童医院

这医院于1852年2月14日正式对外营业，是英语国家的第一所儿童医院。狄更斯非常支持这家医院，经常在演讲及公开朗诵作品——尤其是《圣诞颂歌》——时为其募款。他在《我们共同的朋友》中将这家医院描写成“一个除了儿童以外，一无他人的地方；一个特别为儿童设立的地方；慈善的医生与护士陪儿童度过一生的地方，除了儿童谁都不谈，除了儿童谁都不碰，除了儿童谁都不慰疗”。

非常喜欢孩子的J.M.巴里，把他所写的《彼得·潘》的大部分版税都捐给了这里。据说，这家医院里还有一个“小飞侠”病房，而在孩子们称之为“上帝”的那间房间里还有J.M.巴里的名字。

POLLOCK'S TOY MUSEUM
波洛克玩具博物馆

这并不是一家专为儿童设计的博物馆，因为这里收藏的老式纸板游戏、玩具火车、搪瓷娃娃等等等等，更容易让成人联想起温馨的童年时代，而对于21世纪的孩子来说，这些古老的玩具带给他们的，更多的是惊奇。

"看看信里有什么——你看……今天我在摄政公园散步时为你摘的……亲爱的，有一天我们要一起在树下散步"

——伊丽莎白·芭雷特致罗伯特·勃朗宁

CHAPTER 05
MARYLEBONE
马里波恩的理智与情感

中午走出邦德街地铁站（Bond Street），日光之下，是熙熙攘攘的牛津街(Oxford Street)。虽然是赫赫有名的购物街，却因为托马斯·哈代曾有诗云："牛津街浮现上来，夜晚了"而在文学史上留下了自己的名字。

马里波恩（Marylebone）位于牛津街北面，是伦敦的时髦购物区和高级住宅区，常常有名人光顾，但与这里联系最紧密、最显赫的，却是两个名字，一个是夏洛克·福尔摩斯，一个是伊丽莎白·芭雷特·勃朗宁（Elizabeth Barrett Browning，1806–1861）。

很奇妙的是，虽然一个是19世纪眼科医生柯南·道尔笔下虚构的名侦探，一个是19世纪最受英美读者推崇的女诗人，但他们在现世的伦敦的距离，最近时只有几步之遥。

理性与感性并存，似乎就是马里波恩了。

50 WIMPOLE STREET
勃朗宁夫人故居。爱情故事

宁静的下午，连行人都没有的温坡街（Wimpole Street），懒洋洋的，仿佛还处于19世纪。它的旁边是勃朗宁街(Browning Mews)，不知是否用来纪念曾经居住在温坡街50号的勃朗宁夫人。其实，真正的温坡街50号已经被拆除，但重建后的它基本保持了诗人当年居住在这里时的样貌。

正是在这里，伊丽莎白·芭雷特遇到了罗伯特·勃朗宁（Robert Browning，1812–1889）。

交通：
地铁站 Bond Street下

1838年，32岁的伊丽莎白随家人一起搬到温坡街50号。因为脊椎有伤，她几乎足不出户，那位于二楼的终日燃着壁炉的房间就是她全部的世界。

1845年1月10日，已经是著名诗人的伊丽莎白收到了年轻诗人罗伯特·勃朗宁写来的一封信：“我忠心爱你的诗，亲爱的芭雷特小姐……”虽然从没有见过伊丽莎白，但罗伯特·勃朗宁毫不矜持地在信的末尾写道：“如我说过的，我真的衷心深爱你的诗——也深爱着你。”隔天，他就收到了回信，伊丽莎白写道：“心灵的共鸣是值得珍爱的……一位诗人的共鸣对于我更是达到同情的极致了”、“我打心底感谢你，亲爱的勃朗宁先生”。

从那时起，每当晚饭时分，伊丽莎白总期待着能“悄无一人”地听到邮差送信的声音。

5个月后，经朋友介绍，勃朗宁来到温坡街50号。起初，

罗伯特·勃朗宁

勃朗宁夫人

年长罗伯特6岁的伊丽莎白有犹豫也有怀疑，但，爱情战胜了疾病，也战胜了年龄。两人彼此交换了发束，决定结婚。从第一次通信到正式结婚的20个月内，他们一共写了574封书信——罗伯特在伊丽莎白的每一封来信后面都记下了次数，也记下了他每一次拜访她的日期、时刻以及所待的时间。

爱情促使伊丽莎白写下了许多美丽的诗句——它们后来成为著名的《葡萄牙人的十四行诗》，其中最最有名的，当属第四十三首——

我是怎样地爱你？让我逐一细算/我爱你尽我的心灵所能达到的/深邃、宽广和高度——正如我探求/玄冥中上帝的存在和深厚的神恩/我爱你的程度，就像日光和烛焰下/那每天不用说得的需要。我不加思虑地/爱你，就像男子们为正义而斗争/我纯洁地爱你，像他们在赞美前低头……

在第四十四首诗也就是最后一首的末尾，伊丽莎白留下了日期："1846年9月，温坡街50号"，几天后，两人正式结为夫妻。

ST MARYLEBONE PARISH CHURCH
圣马里波恩教区教堂。秘密婚礼

纪念勃朗宁夫妇婚礼的彩绘玻璃窗　特约摄影 /曾柏文

地址：
17 Marylebone Road,
NW1 5LT

开放时间：
周一到周五 12:30-13:30，
周日早上

交通：
地铁站 Regent's Park下

Browing Room中能看到勃朗宁夫妇当年的结婚证书
特约摄影 /曾柏文

单从建筑看，有着蓝色大门的圣马里波恩教区教堂并不特别美丽，但你却不能不为它停留——1846年9月12日，伊丽莎白·芭雷特与罗伯特·勃朗宁在这里秘密结婚。

因为伊丽莎白的父亲非常专横，不许女儿结婚，因此，就像心中的英雄雪莱一样，罗伯特·勃朗宁迅速而神秘地带走了爱人。已经健康很多的伊丽莎白没有向家人道别，只带上了罗伯特写给她的信，以及她这段时间写的那些诗，便偷偷溜出温坡街50号。婚后第6天，他们启程前往意大利，在那里度过了幸福的15年婚姻生活，从未分离，直到伊丽莎白在丈夫怀中永远地阖上双眼。

如今，教堂内有一个小小的"Browning Room"，

扇彩绘玻璃窗记载了他们那一场秘密而美丽的婚礼……

UPPER WIMPOLE STREET
柯南·道尔诊所。杀死福尔摩斯

沿着温坡街走，越过韦茅斯街（Weymouth Street），就可以看到上温坡街（Upper Wimpole Street）2号，曾经，作为爱丁堡大学医学院的毕业生，柯南·道尔在这里开了一家眼科诊所。

因为病人不多，他以写短篇小说作为消遣，其中就包括早期的福尔摩斯侦探故事。因为担心病人到访会打断思路，所以这些故事都很短。最终，福尔摩斯的成功让柯南·道尔彻底放弃了行医生涯。“我终于成为我自己的主人了”，他后来回忆道：“我再也不需要顺从地穿起医生的袍子，或努力取悦别人了。我可以自由自在地过我想过的生活。那是我一生中狂喜的重要时刻之一。”

交通：
地铁站 Bond Street下

柯南·道尔

福尔摩斯的故事，柯南·道尔写了整整40年。有段时间，他厌倦了，在给母亲的信中，他这样写道：“我考虑杀掉福尔摩斯……把他干掉，一了百了。他占据了我太多的时间。”在《最后一案》中， 柯南·道尔让福尔摩斯和他的死对头莫里亚蒂教授一起葬身于莱辛巴赫瀑布之中。但是，小说在《海滨杂志》刊登以后，读者的反映是那么强烈，以致于靠福尔摩斯发家的《海滨杂志》当年的订购量减少了20000份，甚至有读者跑去砸柯南·道尔家的玻璃。

最终，柯南·道尔在1903年发表的《空屋子》中，让福尔摩斯死里逃生。

SHERLOCK HOLMES MUSEUM
遇见100%福尔摩斯

地址：
221B Baker Street,
NW1 6XE

开放时间：9：30-18：00

交通：
地铁站 Baker Street下，
步行 10分钟

YOUR RECEIPT
THANK YOU
CALL AGAIN

SHERLOCK HOLMES
MUSEUM
221b BAKER STREET
LONDON NW1

REG 13-04-2012 17:00
000773

ADULTS 6.00
CASH 6.00

OUR WEBSITE ADDRESS IS
SHERLOCK-HOLMES.CO.UK

福尔摩斯博物馆的收据

一踏入贝克街（Baker Street），一切信息都在告诉你：这是福尔摩斯的地盘。地铁站的墙壁上贴满了印有福尔摩斯侧面像的磁砖，地铁站出口处矗立着福尔摩斯塑像，而对于这里的餐厅来说，福尔摩斯与华生是它们最重要的主题。

沿着贝克街走上五六分钟，就可以看到一个维多利亚时代打扮的老爷爷，他所站的位置就是全世界最有名的地址：贝克街221B——虽然它真实的地址是贝克街239号，但自1990年起，这个地址就被遗忘了。

在旁边的纪念品商店里买好门票，等了好一会儿才得以进入博物馆，这才知道为什么外面会排起长队，虽然有四层，但博物馆本身非常小巧，门厅与楼梯极其狭窄。跟着人流上到二楼，便看到福尔摩斯的卧室以及他与华生共用的书房——如书中所说，它果然是个只有两扇大窗户的“小房间”，里面摆满了福尔摩斯故事中曾经提到的各种物品与器具。三楼的房间属于华生和房东哈德森太太，展示的是福尔摩斯时代的报纸、绘画、照片，最特别是，竟然还看到了福尔摩斯的亲笔信……

Sherlock
Holmes

DAUNT BOOKS
当特书店。伦敦最美书店

如果你走过马里波恩大街（Marylebone High Street），一定会注意到一间有着雅致的橡木门窗的书店——当特书店（Daunt Books）。《每日电讯报》（Daily Telegraph）称它是“伦敦最美丽的书店，为热爱阅读的旅行者设计”，同时它也被评为全世界最美丽的书店之一。

走进书店，首先映入眼帘的，是美丽的橡木长廊和玻璃穹顶，精美之处，让人不禁摒住呼吸，放轻脚步，生怕惊扰了这里安静的光与尘。童书区的墙上还绘有可爱的小动物，在天光之下嬉戏游玩，注视着书店里的来来往往。

除了高雅优美，当特书店最最特别的，是所有的书籍不再按照类型区分，而是以国别排列。特意走到标着“中国”的书架前，密密麻麻排列的，不仅有关于中国的旅游指南，还有英文版的唐诗宋词以及中国作家的作品，随意抽出两本，仔细一看，一本是毕飞宇的《玉米》，一本是艾米的《山楂树之恋》……

地址：
83/84 Marylebone High Street, W1U4QW

开放时间：
周一至周六 9：00-19：30，
周日 11:00-18:00

交通：
地铁 Bond Street站、Regent's Park站或 Baker Street站下

FIRE EXIT

23 FITZROY ROAD
普拉斯故居。疯姑娘的情歌

这是一栋无法不令人感到悲伤的房子，女诗人西尔维娅·普拉斯在这里自杀身亡。

1955年，获得富布赖特奖学金的美国女学生西尔维亚·普拉斯来到剑桥，遇见了风度翩翩的25岁诗人特德·休斯。在给母亲的信中，普拉斯写道："他是一个睿智的诗人，我已极端地坠入爱情里，这只能导致严重的伤害。"虽然为休斯太受女性欢迎而担忧，但她还是在日记中列下了一连串注意事项："不要骂他，不要唠叨——他喜欢怎样就怎样……"

1956年6月16日，恋爱不到4个月的普拉斯与休斯在伦敦结婚。很多人祝福才华横溢的他们，也有人忧心忡忡地说："整个世界已在一夜之间变成了一个长着刺头的酸柠檬。"

交通：
地铁站 Camden Town下

在创作上，他们是珠联璧合的一对，但这不能解决来自现实生活与个人性格的困扰与压力。1962年，因为怀疑丈夫不忠，普拉斯要求休斯永远离开，之后，她带着女儿弗里达与儿子尼古拉斯搬到了伦敦菲茨洛路23号（Fitzroy Road），叶芝曾经的居所。她把这称为"一个小小的奇迹"，并签下了5年的租约，"这儿简直就是天堂……这是叶芝曾经居住的地方，眼下对我来说这一点意义重大"。

1963年在极度寒冷中开始。一月，普拉斯的小说《钟形罩》正式出版，这"是一部自传体的学徒之作，我只有写了这部小说才能将自己从过去释放出来"。但是，爱人的远离、生理的病痛、单身母亲的压力、残酷的天气让一向有心

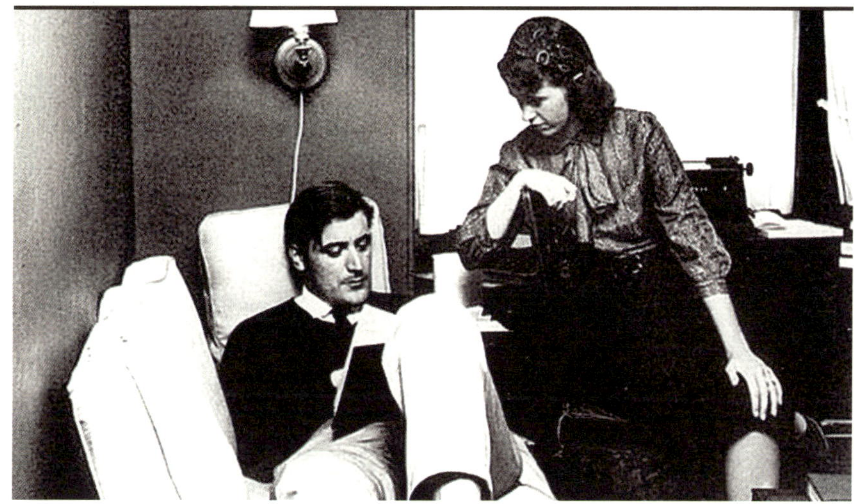

特德·休斯与西尔维娅·普拉斯

理问题的她不可抑制地陷入忧郁之中。

1963年2月11日星期一，普拉斯一早就把面包牛奶放到儿女的房间，敞开窗户，关上门，仔细地用胶带、毛巾、衣服把门缝堵住。在厨房里，她把这一切重复了一遍。然后，打开煤气……正如她在诗中所写：“爱不能到达此处/黑色的深沟将自己暴露/自杀，美女诗人完美地谢幕。”

西尔维娅·普拉斯

普拉斯去世后，休斯始终保持沉默，他对她的感情，最后都凝结为诗，它们在休斯去世前集结为《生日信札》出版。在给朋友的信中，休斯写道：“我不时写一两首这类诗，断断续续，长达二十多年，没有想到发表……我试图所做的一切是脱光衣服，成为赤子，跋涉于其中。”

2003年，电影《西尔维娅》上映，格温妮斯·帕特洛出演普拉斯

翻开诗集，第一首便是《富布莱特奖学金学生》——

也许我估量了你，感到不太可能/注意到了你的长发，松散的波浪型—— 维罗妮卡·莱克式刘海/没注意到被刘海挡住的部分/想必是金丝发。还注意到你露齿的笑容……

伦敦动物园
摄政公园
Regent's Park
福尔摩斯博物馆
Baker St
Baker St.
Marylebone Road
圣马里波恩教区教堂
当特书店
Marylebone High St.
upper Wimpole St.
Devonshire St.
柯南·道尔诊所
Weymouth St
勃朗宁夫人故居
Wimpole St.
Oxford St
Bond St.

MORE 周边还有……

REGENT'S PARK
摄政公园

摄政公园本是亨利八世的狩猎场，1817年至1828年规划为公园，1845年对公众开放。作为伦敦最美丽的公园之一，这里有400种玫瑰，每年夏天露天剧场（Open Theatre）都会上演莎士比亚名剧。

地址：Regent's Park,Nw1
地铁站 Baker Street下

LONDON ZOO
伦敦动物园

伦敦动物园是摄政公园里的热门地点，《哈利·波特与魔法石》中，哈利·波特就是在这里发现自己可以与蛇交流。动物园中生活着六百多种动物，萨克雷曾是这里的游客之一，还专门为此写过一篇文章：“（我们）接着被赶到动物园里，那是我常去参观的地方（远离一些像熊之类的大动物，因为我想象着它们也许会从它们的兽栏里跳出来，攻击那些无意冒犯它们的基督徒；而那咆哮的老虎及狮子，则会连续咬断管理员的头），我也喜欢在那里看看笼子里的猴子（那些小无赖们！）还有羽毛多姿多彩的鸟类。”

地址：Regent's Park, Nw14R
开放时间：
10月底至3月中旬
10：00-16:00，
3月中旬至10月底
10：00-17:00
地铁站 Baker Street下

MADAME TUSSAUDS
杜莎夫人蜡像馆

1770年，杜莎夫人在巴黎创办了蜡像馆，并于1802年把它带到了伦敦。在这里，你大可以和众多平日里可望不可及的名人来个亲密接触。

地址：Marylebone Road, NW1 5LR
开放时间：9：00-18:00
地铁站 Baker Street下

PRIMROSE HILL BOOKS
报春花山书店

这家位于艺术区的高端书店拥有很多作家顾客，比如艾伦·贝内特（Alan Bennett，1934-）、伊恩·麦克尤恩（Ian McEwan，1948-）、拜厄斯·希尔（Tobias Hill，1970-）以及克莱尔·汤姆林（Claire Tomlin，1969-）。

地址：134 Regent's Park Road,NW1 8XL
开放时间：
周一至周五 9:30-18:00，
周六 10:00-18:00，
周日 11:00-18:00
地铁站 Regent's Park下

“我不要成为大人……我要一直是个小孩，有得玩。于是我跑掉了，跑到肯辛顿公园，和仙人们一起住了很久很久。”

——J. M. 巴里《彼得·潘》

CHAPTER 06
KENSINGTON
肯辛顿故事集

走出兰开斯特门地铁站（Lancaster Gate）的时候，第一缕暮色正准备缓缓降落。从地铁站右转，走过红绿灯便看到大片大片的绿草地就这样惬意地舒展在伦敦的蓝天下，优雅的喷泉在阳光下淙淙作响。在喧嚣的闹市中，骤然看到这一片似乎没有边际的绿野，全身的细胞都因为惊喜而冒起了欢快的泡泡。

作为王室区，肯辛顿、南肯辛顿以及切尔西、骑士桥不仅是王公贵族与社会名流的聚居地，很多作家也曾经住在这里，比如人称“切尔西圣贤”的托马斯·卡莱尔(Thomas Carlyle，1795–1881)、“小熊维尼之父”A.A.米尔恩、马克·吐温、王尔德、肯尼斯·格雷厄姆……作为这里的“绿肺”，肯辛顿公园（Kensington Gardens）本是肯辛顿宫(Kensington Palace)的花园，1841年正式对公众开放。曾经，居住在附近的亨利·詹姆斯、T.S.艾略特都爱到这里散步，看可爱的孩子们在圆形的池塘里泛舟嬉戏。

沿着喷泉右边的小路往前走，有一泓流水蜿蜒而过，它是Long Water，1816年12月，雪莱的第一任妻子哈丽雅特（Harriet）被诗人抛弃后，在此投水自杀，年仅30岁。

眼前的Long Water安静地看不出一丝波澜，两边的草丛中，水仙点点如散落的星辰，烂漫而不知愁的。

是啊，肯辛顿怎么会忧愁呢？它可是小飞侠彼得·潘的Neverland啊！

KENSINGTON GARDENS
肯辛顿公园的彼得·潘

1911年出版的《彼得·潘》中的插图

1915年出版的《彼得·潘》

沿着Long Water向前走，很快就看到树阴下高高立着一个手拿号角的男孩，可爱的童衣被晚风轻轻吹起，美丽的仙子与可爱的小动物静静地簇拥在他的脚下。他就是小飞侠彼得·潘。一拨拨的游客拿着地图寻到这里，就为寻到永远不会长大的他。那些位于雕像低处的小兔子因为被无数人抚摩而闪闪发亮，在雕像底座上，刻着“J.M. Barrie”。

正是在心爱的肯辛顿公园，J.M.巴里（James Matthew Barrie，1860–1937）遇到了卢埃林·戴维斯（Llewellyn Daies）家的男孩们，他们经常穿着“蓝色宽上衣，戴着亮红苏格兰便帽，由保姆陪着做‘健身散步’”。没有子女的巴里非常喜爱戴维斯家的男孩，经常与他们玩在一起。在戴维斯夫妇去世后，巴里成为5个孩子的监护人。

1904 年，巴里创作了著名的《彼得·潘》，“所有的孩子都会长大，除了一个人”，而那个穿过育婴室前往迷人的Neverland 的“永远长不大的男孩”的原型就是戴维斯五兄弟，“他是个可爱的男孩，身上穿着枯叶和新鲜树叶做的衣服，可是他身上最叫人着迷的东西是他那一口乳牙”。

为了让童话气息弥漫肯辛顿公园，巴里还请人秘密制作了一尊彼得·潘的雕像，然后在1912年4月30日的晚上，把雕像悄悄地运到肯辛顿公园，他想让那些在5月的第一个清晨到肯辛顿公园散步的人们——主要是孩子们——大吃一惊，

交通：
地铁站 Lancaster Gate下

特约摄影/曾柏文

以为彼得·潘已借着魔法趁夜色而来。

但是，有些人认为巴里对戴维斯兄弟的感情并不合适，他与他们的亲密关系也不断引发他与妻子的争吵，最终，他们于1909年离婚。作为彼得·潘的原型，戴维斯家的男孩遭遇的则是完全不梦幻的现实：迈克（Michael）20岁时溺死于泰晤士河，乔治（George）21岁时死于一战。1960年4月5日，已是著名出版人的彼得（Peter）在斯隆广场地铁站（Sloane Square）内迎着疾驰的列车纵身一跃，死于铁轨之上。据说，他厌恶自己被称为“失落的男孩”，甚至认为《彼得·潘》是“可怕的杰作”。

巴里曾经写道：“任何发生在我们12岁以后的事，其实都不太重要。”

J.M.巴里

KENSINGTON COURT PLACE

艾略特的最后居所

从肯辛顿路（Kensington Road）左转进入肯辛顿广场街（Kensington Court Place）后略费了一番周折，才找到一排豪华的红砖宅邸，上面有一枚蓝色徽章，它向你证明，T.S.艾略特自1957年4月与第二任太太瓦莱丽·弗莱彻搬到这里后，度过了人生最后一段快乐时光。

和认为肯辛顿公园“那个天堂是大都市中心所能找到的美妙之物”的亨利·詹姆斯一样，艾略特也非常喜欢到肯辛顿公园散步，那时，已于1927年皈依英格兰教会的他，在南肯辛顿的圣史蒂芬教堂当了25年的管理员，这个职务一直延续到他去世。

1963年12月，艾略特在伦敦一次为期4天的大雾中昏厥，被紧急送到医院救治。一开始，他好像恢复了，还大喊“万岁！万岁！万岁”，但出院后依然戴着呼吸器，而且虚弱地无法吃下任何固体食物。1965年1月，艾略特在家中去世。

如今，在威斯敏斯特大教堂的“诗人之角”，有一块纪念碑属于他——他是这里为数不多的拥有纪念碑的外国移民，上面的铭文摘自他的《四个四重奏》的第四部分——

“死者活着的时候，无法以言词表达的，他们作为死者能告诉你：死者的交流思想超乎生者的语言之外是用火表达的。”

交通：
地铁站 High Street Kensington下

YOUNG STREET
萨克雷的“古堡”

从肯辛顿广场街左转，可以看到朴素的萨克雷街（Thackeray Street），它以萨克雷的名字命名，但这位出身富裕家庭、喜欢揶揄英国中上阶级人士的作家曾经的住所，却在旁边的杨街（Young Street）16号，靠近肯辛顿大街（Kensington High Street）的地方。

萨克雷自画像

它简直就像一座“古堡”，那么宽大而奇特，与周围的环境格格不入，仿佛从另一个时代穿越而来。1846年，萨克雷搬到这里后，写出了使他声名远扬的小说《名利场》——和狄更斯的小说一样，它也是在月刊上连载的。萨克雷声称自己创作这部小说的目的是想告诉人们“大多数时候，我们都是……愚蠢而自私的人……过分急切地追求虚名浮利”。之后，他又出版了《彭登尼斯》与《亨利·埃斯蒙德》。

正是在这里，萨克雷专门为夏洛蒂·勃朗特举行了一场招待会，以庆祝《简·爱》的成功——他非常喜欢这本书，此后一直称夏洛蒂·勃朗特为“简·爱小姐”。夏洛蒂·勃朗特则把《简·爱》的第二版题献给萨克雷以示敬意。

关于这幢房子，还有一个小故事：某天，萨克雷和朋友在肯辛顿广场散步，经过杨街16号时，萨克雷突然假装很严肃地说：“跪下，你这个无赖，因为《名利场》就是在这里写出来的。我和你一起跪，因为我本人也对那本小说评价很高。”

交通：
地铁站 High Street Kensington下

ST MARY ABBOTS CHURCH
圣玛丽修士教堂。庞德很讨厌它

地址：
Kensington Church Street,W8 4LA

交通：
地铁站 High Street Kensington下

在肯辛顿大街与肯辛顿教堂街(Kensington Church Street)交会的路口,可以看到一座美丽的维多利亚哥特式教堂兀自站立于喧嚣之中,它由建筑师乔治·吉尔伯特·司各特(Sir George Gilbert Scott, 1811–1878)设计,1872年竣工,外墙呈现出一种只属于历史的黑灰色,一条优美的、有着高大玫瑰花窗的走廊连接着大门与教堂。据说,圣玛丽修士教堂(St Mary Abbots Church)拥有伦敦最高的尖塔。已是黄昏时分,高高的塔尖已染上薄暮,教堂门口那小小的鲜花摊上,无论玫瑰还是百合都已经被整理完毕高高堆起,等待明天的朝阳。缤纷的色彩映照着教堂的墙壁,是青春容颜与沧桑岁月的美丽映照。

1901 年,G.K. 切斯特顿在这里结婚;著名的“彼得兔”的作者比阿特丽斯·波特曾在这里做礼拜;1914 年,诗人庞德也在这里举行了婚礼。其实,庞德(Ezra Pound, 1885–1972)一直居住在肯辛顿教堂步道(Kensington Church Walk)10 号,他喜欢这个地方,但极其讨厌教堂响亮的钟声——教塔尖塔内悬挂着 10 个围成一圈的钟,其音量可想而知,他刻薄地写道:“……敲铃的举动象征所有变节的宗教,那也暗示了它对他人的宁静的无意义的干扰。”

所以,结婚之前,庞德把家搬到了不远处的荷兰广场总会(Holland Palace Chambers)。

HOLLAND PALACE CHAMBERS

庞德故居。遇见艾略特

沿着肯辛教堂街前行，越过荷兰街（Holland Street），便可以在左手边看到一条小巷子，走到底就能找到荷兰广场总会。

完全是貌不惊人的一栋小房子，有窄窄的楼梯通往窄窄的大门。1914年9月22日，T.S.艾略特就是在这里见到了庞德。之后，艾略特说他的这位美国朋友让他想起了作家辛克莱尔·刘易斯（Sinclair Lewis，1885–1951，1930年获得诺贝尔文学奖，也是第一位获得该奖的美国作家）笔下的欧文·巴比特（Irving Babbit），而庞德则批评了艾略特的美国主义。

作为意象派运动的代表人物，庞德深深地影响了艾略特，艾略特创作于1911年的诗《J·阿尔弗雷德·普鲁弗洛克的情歌》也是由他推荐给了美国《诗刊》杂志的编辑。庞德说艾略特“完全是自学成才，自我现代化的”。这首诗发表后，艾略特一夜成名，却依然要在银行工作。1920年，庞德写信对朋友说：“让他把一天24小时中的8小时浪费在那家银行里真是对文学的罪过。”

在庞德的帮助下，艾略特出版了第一本诗集《普鲁弗洛克的情歌及其他观察》，而他的《荒原》也经由庞德润色。艾略特曾说：“我能成为诗人多亏了庞德。”作为友情的回报，艾略特不仅撰写了《庞德：节奏和诗歌》，还编辑了《庞德文学论文选》并为之作序：“庞德的文学批评是英美当代文学批评中最重要的……也许是我们时代文学批评最不可缺少的主体。”

地址：
Kensington Church Walk,W8 4LA

交通：
地铁站 High Street Kensington下

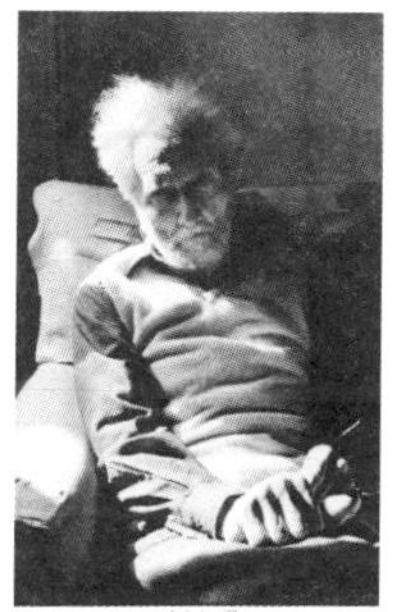

布列松镜头下的庞德

荷兰广场总会

CAMPDEN GROVE
乔伊斯的“墓园”

地址：
28B Campden Grove

交通：
地铁站 High Street Kensington下，步行6分钟

乔伊斯（中）与诺拉（左）

沿着肯辛顿教堂街慢慢上坡，左转可以进入坎普登花园（Campden Grove）。与伦敦其他高档住宅区一样，这里的建筑低调优美，暮色中，纤柔的藤蔓装饰着粉墙。

1931年，詹姆斯·乔伊斯（James Augustine Aloysius Joyce，1882–1941）带着他的家人一起搬到伦敦，住在坎普登花园28B。他把这称之为“第五次逃亡”，认为是一次不确定的居留。同时，乔伊斯来伦敦也是为了接近病中的父亲，然后与诺拉·巴纳克尔（Nora Barnacle）结婚——一个褐色皮肤、身材高挑的女子，来自爱尔兰西部城市高尔韦（Galway），1904年6月10日，乔伊斯在都柏林的芬因饭店遇到做服务生的她，爽了一次约后，两人于6月16日有了第一次约会。在《尤利西斯》中，乔伊斯把故事发生的时间设定为6月16日，作为自己送给诺拉的礼物。

“Barnacle”一词有“难以摆脱的人，纠缠不休的追随者”之意，乔伊斯的父亲第一次听到诺拉的姓时便说：“她永远也不会离开他了。”1940年10月8日，乔伊斯不顾父亲的反对，与诺拉私奔到了欧洲大陆。但是，直到1931年，为了孩子能够享有继承权，他们两人才正式登记结婚。

显然，贵族气息浓郁的肯辛顿并不适合乔伊斯，他在这里只停留了很短一段时间，并抱怨说这里的街道上到处都是木乃伊，真应该改叫“Campden Grave”（坎普登墓园）。

乔伊斯

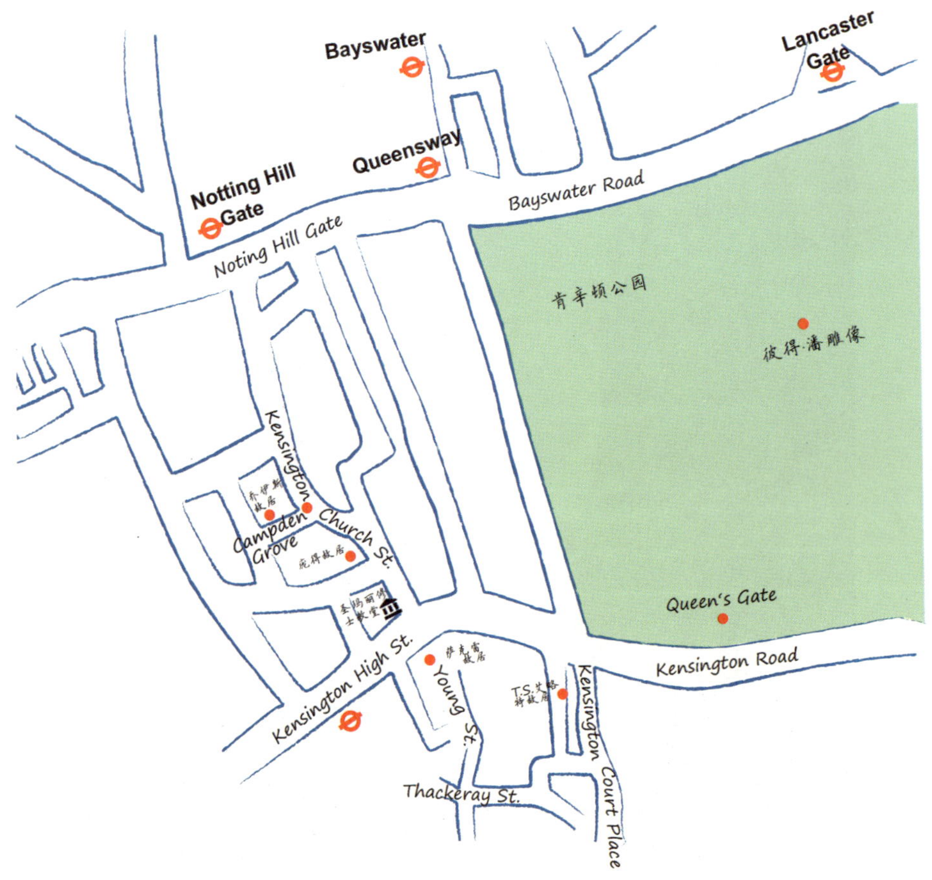
Bayswater
Lancaster Gate
Queensway
Notting Hill Gate
Noting Hill Gate
Bayswater Road
肯辛顿公园
彼得·潘雕像
Kensington Church St.
乔伊斯故居
Campden Grove
庞得故居
圣玛丽修士教堂
Queen's Gate
Kensington High St.
萨克雷故居
Young St.
T.S.艾略特故居
Kensington Road
Kensington Court Place
Thackeray St.

MORE PLACES 周边还有……

KENSINGTON PALACE

肯辛顿宫

位于肯辛顿公园西侧的肯辛顿宫，从17世纪开始就是皇家住所，它最著名的主人是维多利亚女王和戴安娜王妃。作为著名的景点，肯辛顿宫部分对外开放，其中包括维多利亚女王受洗的房间以及1760年以来的宫廷服饰展。据说，经过大规模整修后，2013年起，肯辛顿宫将成为威廉王子夫妇的新家。

地址：Kensington Gardens,W84PX
开放时间：
3月到 10月 10：00-17:00，
11月到 2月 10:00-16:00
地铁 Queensway站或 High Street Kensington站下

HYDE PARK

海德公园

1637年，是查理一世的命令使得所有人都可以享受海德公园的绿树红花。夏天是海德公园最热闹的时候，“无座音乐会”让它成为音乐的海洋。公园东北角精致的拱门下，是“演讲者之角”，自19世纪开始，每个星期天下午都有人在这里发表演说……

地铁 Hyde Park Corner站或 Knightsbridge站下

THOMAS CARLYLE'S HOUSE

托马斯·卡莱尔故居

这里是“切尔西圣贤”托马斯·卡莱尔在伦敦的唯一寓所。1834年，他和妻子一起搬到这里后，一直居住到1881年去世。1896年，这里成为博物馆，从侧面反映了维多利亚时代知识分子的生活。

地址：24 Cheyne Row, SW3 5HL
开放时间：
周三到周五：14:00-17:00，
周六周日：11:00-17:00（4月到 10月）
地铁站 Sloane Square下

CHELSEA OLD CHURCH

切尔西老教堂

亨利·詹姆斯常到切尔西老教堂做礼拜，就连他的葬礼也是在这里举行的。他的好友、《父与子》的作者埃德蒙·戈斯（Edmund Gosse,1849-1928）在葬礼之后写道：“当我们立在那位有着无比智慧、高贵仁慈心肠的人物旁时，我突然闪过一个念头，那就是，对世世代代尚未受到他的价值启发的人们来说，切尔西老教堂必须永远成为死者的祭坛。”

地址：Cheyne Walk, SW3 5DQ
开放时间：
周二到周四 14:00-16:00
周日 13:30-17:00
地铁站 Sloane Square下

皮卡迪利大街上一整天都车水马龙，热闹喧嚣，让人似乎无法相信凌晨时分街上的寂静。它很不自然，而且有些诡异。大道空荡荡的，显得宽阔肃穆，威严地伸展开来，如同一条条泰然自若的河流一般自信庄严。空气清新、明澈，任何一点响动都能让它产生回声，于是一辆马车经过，整条街都响了起来，轻快的马蹄声久久回响……

——毛姆《作家笔记》

CHAPTER 07
PICCADILLY
皮卡迪利名利场

阳光明媚的午后，走出皮卡迪利地铁站（Piccadilly Circus），刚刚适应明亮的日光，便发现自己已置身于一片喧嚣之中。

据说“皮卡迪利”本是17世纪一种皱边领的名字，发明这种领子的罗杰·贝克曾住在这个地区。如今，这里是伦敦最繁华时尚的地段之一，车如流水马如龙，世界仿佛在飞快地旋转。广场中心有喷泉水花四溅，簇拥着张弓欲射的博爱天使，雕像的作者是维多利亚女王的丈夫阿尔伯特亲王。

沿着皮卡迪利大街（Piccadilly）一路向前，走过水石连锁书店（Waterstone's），就可以看到圣詹姆斯教堂（St James's Church），威廉·布莱克曾在此受洗。一走进教堂广场，世界瞬间安静。但，一回到皮卡迪利大街，依旧人声车声，真让人怀疑它能否放得下一张安静的书桌。

但事实胜于雄辩。包括拜伦（George Gordon Byron，1788–1824）、亨利·詹姆斯、毛姆（William Somerset Maugham，1874–1965）在内的众多作家都曾生活在皮卡迪利，这里还云集着众多俱乐部，比如伦敦历史最悠久的男士俱乐部怀特俱乐部（White's），以及布德尔俱乐部（Boodle's）——“007”的作者伊恩·佛莱明（Ian Lancaster Fleming，1908–1964）是忠实会员，并把它作为007小说中布雷德俱乐部的参考原型。

与伦敦许多地区一样，在拥有世俗热闹的商业街旁边，皮卡迪利隐藏着很多安静优美的花园与住宅。有时，只是轻轻一个拐弯，或者只是偶然穿越了一个街口，伦敦立刻就换上了另一幅容貌……

ALBANY COUNT
奥尔巴尼公寓。单身作家在此

在著名的福特南·梅森百货公司（Fortnum&Mason）对面，有一条奥尔巴尼短街（Albany Count），往里走几步便可以看到奥尔巴尼公寓。虽然建造于1802至1803年间，但眼前的它依然像刚刚落成那样，异常的端庄整洁，无愧于它所站立的地点。

这里曾有69间豪华但是有严格限制的“单身公寓”，郝胥黎、格雷厄姆·格林、J.B.普里斯特利（John Boynton Priestley,1894–1984）都曾在此居住。1812年，诗人拜伦发表《恰尔德·哈罗德游记》之后，一度居住在圣詹姆斯街（St James's Street）8号，直到有一天，他一觉醒来发现自己已经成了名人，立即搬到了奥尔巴尼公寓。他热爱梅费尔富人区的男士热爱的一切娱乐，他热爱伦敦，称它是“一个该受到诅咒的地方，但也是这个世界上（至少是英国）唯一一个有趣的地方”。

1932年，离婚两年的伊夫林·沃也住进了奥尔巴尼公寓。从小就为家住地铁站旁、不是高尚住宅区而苦恼的他，这下又有了一个体面的住址。在给一位朋友的信中，他这样写道：“我在奥尔巴尼过得像个上等人，可能就像拜伦爵士、麦考莱爵士、利顿爵士，或任何真正第一流的作家所过的生活那样！”

也许是午后，这里有种沉沉的睡意，几百米之外的喧闹似乎变成了隐约的背景音乐。简单却优雅的吊灯即使白天也没有

拜伦

熄灭，一路映照着空无一人的走廊。

1955年，住在奥尔巴尼公寓的格雷厄姆·格林怀念起了越南的鸦片馆，二战期间曾服务于军情六处的他写道：“重新闻到鸦片烟味，再次获得清平宁静是多么令人快乐的事，不管是如何的不雅，总算远离了皮卡迪利。奥尔巴尼公寓的宁静氛围，与无人会打扰别人静养的鸦片烟馆是非常相似的。”

交通：
地铁 Piccadilly Circus站或Green Park站下

HATCHARD'S
哈查德书店。它为女王选书

地址：
187 Piccadilly，W1J9LE

开放时间
周一至周六 9：30-19：00
周日 12：00-18：00

交通：
地铁 Piccadilly Circus站或 Green Park站下

福特南·梅森百货公司的旁边，是著名的哈查德书店（Hatchard's），它的存在显然是奥尔巴尼公寓的另一个诱人之处。这家创立于1797年的书店，长久以来一直被称为"上流社会书店"，也是伦敦现存最古老的书店。它的门口曾经安放着长凳，顾客的仆人可以坐在那里等候。这些长凳如今已荡然无存，但如果你足够幸运，依然有可能在书店里碰到作家或者政治家。近几年，哈查德书店每年都会邀请有书籍在这里出售的作家与书店的会员共进午餐，广受欢迎。

走进书店大门，一眼就可以看到收银台旁边墙上那醒目的皇室委任状，它们的存在提醒每一个来到这里的人：这是一家可以为英国女王、爱丁堡公爵以及威尔士王子提供服务的书店。虽然是地上地下多达5层的大书店，行走其间却安静异常，舒适的椅子散落在书架之间等待着疲惫却满足的爱书人，只有那古老的木制楼梯偶尔会在你经过时透过厚厚的绿色地毯发出一声轻轻的喟叹。

站在书店门口就可以看到街对面的奥尔巴尼短街。可以想见，当年的奥尔巴尼人，只要走出房间、穿过皮卡迪利大街，就可以把自己埋入书籍之中，而吉卜林、王尔德、萧伯纳、毛姆也都是它的顾客。至于作家们对哈查德书店的感情，英国诗人、作家劳里·利（Laurie Lee，1914–1997）的话或可代表一二，他曾说，在哈查德书店里心脏病发去世，是他最喜欢的死亡方式。

Thrillers
Tinker, Tailor, Soldier
JOHN le CARRÉ
JOHN le CARRÉ
JOHN le CARRÉ
DOBBS Old Enemies
DOBBS Old Enemies
STALIN EPIGRAM
STALIN EPIGRAM

G HEYWOOD HILL
海伍德·希尔书店。女作家之爱

地址：
10 Curzon Street, W1J5HH

开放时间：
周一至周四 9：00-19：00
周五：9：00-17：30
周六：9：00-16：30

交通：
地铁站 Green Park下，
步行 10分钟

沿着皮卡迪利大街走过被伊夫林·沃称为“大理石厅”的丽兹饭店（The Ritz）以及绿园地铁站（Green Park），右转进入波顿街（Bolton Street）。1876年，亨利·詹姆斯第二次来到伦敦时，就住在这条街上。与1896年的第一次英国之行不同，此时的他虽然依旧时刻准备着批判伦敦，但也不再把它看作“一个普通游客可能会在皮卡迪利广场被踩死，然后被扔进泰晤士河喂鱼”的可怕之地，梅费尔富人区成了他的生活与社交中心。在波顿街居住的9年间，他先后完成了《欧洲人》、《黛西·米勒》、《华盛顿广场》以及《贵妇画像》。

从波顿街转入柯曾街（Curzon Street），在它与半月街（Half Moon Street）的交会处有一家小小的书店安静地站在路边，雪白的外墙衬着明亮的橱窗与深蓝的遮阳棚，那样精致而迷人，简直“我见犹怜”，它就是被伊夫林·沃亲昵地称之为“HH”的海伍德·希尔书店。

虽然只有地上地下两层，但自1936年起，这就是一家为上层阶级以及大文学家提供私人服务的书店，不仅出售新书，还出售二手书以及古董书。窄窄的门旁，有着与哈查德书店一样耀眼的徽章，金碧辉煌的那一枚，来自英国皇室；蓝色的那一枚，用以纪念二战期间在此工作了好几个月的英国女作家南希·米特福德（Nancy Mitford，1904–

1973），20世纪初英国非常出名的斯特韦尔家族（The Sitwells）是这家书店的常客——他们家也拥有三个会写作的姐妹，而女作家A.S.拜厄特（Antonia Susan Byatt，1936-）则非常喜爱它独特的气质……

仿佛，这是一家特别讨女性欢心的书店，就连它的布置也是那样柔软而富有温情：古典的水晶吊灯、大红色的书架、不知为何孤独地站立在房间中央的一根美丽的圆柱、躲藏在书架间的一尊小小的雕像……

书店旁边的咖啡馆门口春花灿烂，而它却只简简单单地在门口的铸铁栏杆上挂了一块牌子：海伍德·希尔书店，出售新旧书籍。

BROWN'S HOTEL
布朗饭店。吉卜林的书桌

地址：
33Albemarle Street,
W1S4BP

交通：
地铁站 Green Park下，
步行 10分钟

从皮卡迪利大街转入丹佛街（Dover Street）直走，可以看到飘扬着英国国旗的布朗饭店（Brown's Hotel）。它由詹姆斯·布朗（James Brown）于1837年创建——有人说，他的妻子是拜伦夫人的女仆，也有人说，他是拜伦的男仆。1892年，布朗饭店迎来了新婚的吉卜林夫妇。当他们离开时，詹姆斯·布朗取消了他们价值22英镑的房费作为结婚礼物，同时附上一张纸条央求这对新婚夫妇接受他对“鲁德（Rud）”曾带给他的欢愉所作的“微薄的回馈”。

一百多年后，美国作家斯蒂芬·金（Stephen King，1947–）也来到这里，“我坐在伦敦布朗饭店里那张吉卜林坐过的书桌前，写下《危情十日》（Misery）。当我发现他就是死在这张书桌上时，我吓坏了，所以就离开了这家饭店。”

午后的饭店重重门掩，内里的情况，只能从《纽约客》撰稿人S.J.佩雷尔曼（S.J.Perelman，1904–1979）写给妻子的信中获知一二：“饭店颇具历史（不过却维持得很好），到处都是铜饰和桃花心木家具，满是衰败的富裕景象……”话虽这么说，但他再次来到伦敦时还是选择住在这里。

值得一提的是，阿加莎·克里斯蒂也曾是布朗饭店的常客，她在这里的经历后来都被写入《伯特伦旅馆之谜》中。据说，你还可以在这里品尝到“克里斯蒂茶点”……

6 CHESTERFIELD STREET
毛姆故居。“二流作家最前排”

柯曾街往前，右转到切斯特菲尔德街（Chesterfield Street），作家毛姆一度居住在这条街的6号。与大部分作家曾经的伦敦寓所一样，位于梅费尔富人区的这座寓所也已移为他用，而且，与其他名人故居出奇一致的是，门口也是那样平静简单，只有那一枚蓝色徽章告诉你，曾经有位特别的人住在这里。

晚年的毛姆评价自己位列“二流作家最前排”。70岁时，他这样写道——

“我觉得，多等上几年，大概会有选集愿意收几篇我写得最出彩的短篇小说，就算只是因为随着时间的流逝、文明的发展，一些篇章提及的状况和地方已笼上了一层浪漫魅力。两三部戏剧、十几篇短篇小说，我就拎着这样的行李踏上去往未来的旅程，还真够轻装上阵的，不过终归聊胜于无。而要是我错了，死后一个月就被人忘得精光，我也不会知道啦。”

布列松镜头下的毛姆

地址：
6 Chesterfield Street

交通：
地铁站 Green Park下，
步行 10分钟

王尔德出狱后，马上离开了英国，1900年在巴黎去世

ANGEL COURT

天使短巷。王尔德“不可儿戏”

圣詹姆斯广场（St James's Square）旁边的国王街（King Street）上，曾有一家圣詹姆斯剧院（St James's Theatre），1895年2月14日，王尔德最后的也是最重要的剧作《不可儿戏》在这里进行了首场演出，获得巨大的成功。没想到，荣誉的巅峰之后，却是两年的牢狱之灾。

《不可儿戏》首演的第四天，因为痛恨王尔德与儿子阿尔弗雷德·道格拉斯勋爵（Lord Alfred Douglas，别名Bosie）的恋情，奎恩斯伯利侯爵（Marquess of Queensberry）给王尔德送去了写有侮辱性字眼的卡片——他本想破坏首演，没有成功。一怒之下，王尔德把侯爵告上法庭，结果却是侯爵获胜，王尔德被捕并判处两年监禁，家中收藏的值钱东西都被抄走。在他因为“与其他男人有不雅行为”接受审判期间，圣詹姆斯剧院用黑布遮住了《不可儿戏》海报上他的名字，理由是免得观众觉得尴尬。

1957年，圣詹姆斯剧院被拆除，不过，走到金狮酒馆（Golden Lion）旁边的天使短巷（Angel Court）内，就可以看到墙上有一块铭牌标识着圣詹姆斯剧院的所在。

王尔德与道格拉斯勋爵

天使短巷旁的金狮酒店

交通：
地铁站 Green Park下，
步行 10分钟左右

LONDON LIBRARY
我们图书馆见

地址：
St James's Square

交通：
地铁站 Green Park下，
步行 10分钟左右

在圣詹姆斯广场的角落里，可以找到伦敦图书馆（London Library），它的创建要归功于托马斯·卡莱尔这位对大英图书馆抱怨多多的作家兼历史学家，狄更斯也是创建人之一，T.S.艾略特还曾担任馆长。很多来到这里的人都喜欢透过图书馆巨大的窗户欣赏凝视广场花园的风景，比如弗吉尼亚·伍尔夫、乔治·艾略特、H.G.韦尔斯以及伊夫林·沃。《纽约时报》的评论家角谷美智子曾说："……英国作家往往住在伦敦以及周边地区。他们不在家里工作的时候，常常可以在出版晚会、社交聚会以及大家最喜欢去的伦敦图书馆见面。"

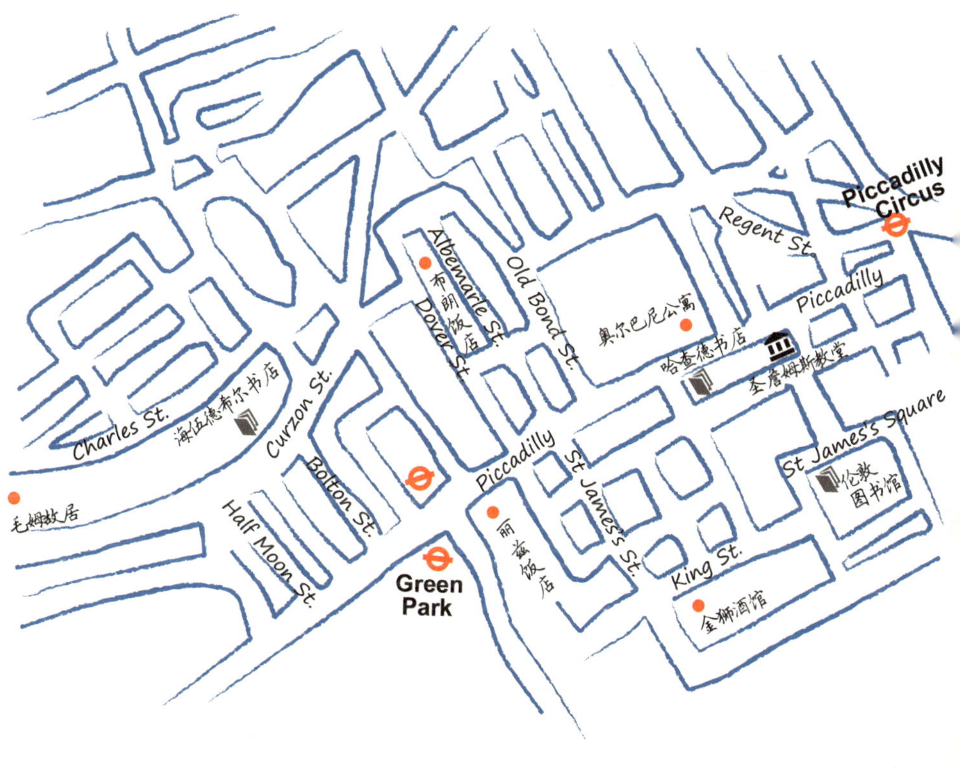
Piccadilly Circus
Regent St.
Piccadilly
Albemarle St.
布朗饭店
Dover St.
Old Bond St.
奥尔巴尼公寓
哈查德书店
圣詹姆斯教堂
St James's Square
伦敦图书馆
Charles St.
海伍德希尔书店
Curzon St.
Bolton St.
Piccadilly
St James's St.
丽兹饭店
King St.
金狮酒馆
毛姆故居
Half Moon St.
Green Park

“在泰晤士河岸上我们静默站立沉思，
格林尼治在银色涌流上微笑。”
——塞缪尔·约翰逊《艾琳在格林尼治公园里》

CHAPTER 08
GREENWICH
格林尼治的时间机器

略显阴郁的早晨，在转了几趟地铁后，终于到达格林尼治（Greenwich）。走出车站，早春的空气清新而带有刚刚过去的冬天残存的一丝凛冽。穿越整齐端方的住宅区，看见前面有一队嘻嘻哈哈的学生，不禁微笑起来：这下不用地图了，跟着他们走就是。十几分钟之后，我们就和他们一起转入了郁郁葱葱的格林尼治公园。

“格林尼治”的意思可能源自盎格鲁-撒克逊语的“绿村”，也可能是丹麦人取的斯堪的纳维亚名字，意为“绿地”。不论哪一种，这座由亨利六世设计的公园，都名副其实。一眼望去，到处是宽广的草坪与高大的树木，走在美丽的林阴道上，几乎忘记言语，那强烈的大自然的美沁人心脾，连空气仿佛都变成了令人愉悦的浅绿色。

沿着坡道迎着老皇家天文台（Old Royal Observatory）一路上行，黄水仙散落一地。在狄更斯生活的时代，他发现最流行的休闲活动之一，就是从格林尼治公园爬坡至老皇家天文台，年轻的男士们会在这里尽快地让女士们“在众人和遮阳帽的乱堆里显得纤弱”。

OLD ROYAL OBSERVATORY
老皇家天文台。康拉德的时间攻击

地址：
Greenwich Park,
SE10 9NF

开放时间：
10:00-17:00

交通：
轻轨站 Greenwich下

《间谍》的第一个美国版

老皇家天文台（Old Royal Observatory）最出名之处，是将地球分成东西两个半球的本初子午线在此通过。1884年在美国华盛顿举行了国际子午线会议，格林尼治时间就此成为我们所处的这个世界大部分地区调对时间的基本标准。

1894年2月15日，格林尼治公园发生爆炸案。1907年，作家约瑟夫·康拉德（Joseph Conrad，1857–1924）以此为背景创作的小说《间谍》出版。书中，主人公维洛克是个身份复杂的间谍，雇佣他的外国使馆计划炸毁老皇家天文台，没想到维洛克的弱智妻弟在执行过程中，不小心被格林尼治公园里的树根绊倒，引爆了炸弹。用文字向时间发起攻击的康拉德写道："整个文明的世界都听过格林尼治了……连查令十字车站地下室的擦鞋者也知道些什么"。

XXIV 康拉德 JOSEPH CONRAD

TRAFALGAR TAVERN
特拉法加酒坊。狄更斯和朋友们

地址：
Park Row,Greenwich

交通：
轻轨站 Greenwich下

在老皇家海军学院（Old Royal Naval College）旁边的公园路（Park Row）上，泰晤士河边，有一家特拉法加酒坊（Trafalgar Tavern）。它的名声，一部分来自于小鲱鱼（Whitebait），一部分来自于狄更斯和他的朋友们。

1837年开业的特拉法加酒坊，特别擅长烹饪一种从泰晤士河里捕捞上来的小鲱鱼，伦敦城里的文人、政客、律师闻风而至，乘着小船到这里举行宴会，只有萨克雷不喜欢特拉法加酒坊的餐点，称之为“各种鱼的杂烩”。

1842年，狄更斯自美返英，朋友们在特拉法加酒坊为他接风洗尘。事后，狄更斯写道：“从没有隔日清晨的宿醉像格林尼治那次晚宴后那样”。在特拉法加酒坊度过的时光是那样愉快，使得狄更斯在小说《我们共同的朋友》中，不仅让贝拉说服父亲带她到这里吃晚餐——“下到河边的短暂旅程令人非常愉快，那个他们被领入用晚餐、可俯瞰河景的小餐室也令人非常愉快”，还把书中的一次婚宴也安排在了这里。

走进饭店，只见墙上挂满了相框，一半是用来纪念曾经无比辉煌的英国海军，一半是不同时期不同角度甚至同一角度的特拉法加酒坊。

坐在可以看到泰晤士河的窗边，褐色餐桌、黑色长沙发、窗下暖气片上精致的花纹……忍不住就把它想像成了贝拉到过的那个可爱的小餐室。当询问有没有狄更斯爱吃的那

种鱼时，年轻的服务生一脸困惑：“我知道狄更斯，但我不知道他吃的是哪种鱼。”

领班听到声音过来看顾。到底有了些年纪与阅历，只几句话便明白了我们的意思，很快端来了一盘炸小鱼，喷香扑鼻，蘸上特制的酱料，异常鲜美。从她那里得知，这便是狄更斯曾经热衷的小鲱鱼，也是如今来到这里的人们必点的一道菜。

透过玻璃窗，阳光下可以看到隐约在后的金丝雀码头（Canary Wharf）——在航空和陆路交通不发达的年代，那里曾是没有夜晚的码头，如今已变身繁华的金融区，而千禧巨蛋（Millennium Dome）即使隔得那么远也依然清晰。

宁谧的午后，泰晤士河静静流淌，不由想起埃德蒙·斯宾塞的诗——“可爱的泰晤士，轻轻地流，等我唱完了歌”。

特拉法加酒坊
Park Row
老皇家
海军学院
国家航海
博物馆
Greenwich
老皇家天文台
格林尼治
公园
Croom's Hill

MORE 周边还有……

NATIONAL MARITIME MUSEUM
国家航海博物馆

这是世界上最大的航海博物馆，1937年开馆，格林威治公园里的老皇家天文台与天文馆也是航海博物馆的一部分。博物馆还有一条廊道，可以直接通往女王宫。

地址：Romney Road,SE10 9NF
开放时间：10:00-17:00
轻轨站 Greenwich下

QUEEN'S HOUSE
女王宫

这座有着美丽廊柱的白色宅邸，是英国著名设计师伊尼果·琼斯为查理一世的母亲亨里埃塔·玛丽娅设计修建的。国家航海博物馆的艺术收藏品都陈列在这里。

地址：Romney Road,SE10 9NF
开放时间：10:00-17：00
轻轨站 Greenwich下

OLD ROYAL NAVAL COLLEGE
老皇家海军学院

新古典主义风格的老皇家海军学院由克里斯托弗·雷恩爵士设计，最早是海军医院，如今则是格林威治大学（University of Greenwich）和圣三一音乐学校（Trinity College of Music）的一部分。值得一提的是，修建这家医院时，砖瓦都是由丹尼尔·笛福提供的，他当时是一家砖厂的合伙人。1806年，英国著名海军将领纳尔逊在入葬圣保罗大教堂前，曾在这里的绘画大厅停放了三天。

开放时间：10:00-17:00
轻轨站 Greenwich下

FAN MUSEUM
扇子博物馆

这里大概有3500把扇子，它们中最早的来自11世纪。据说博物馆每4个月轮换一次展品，足见藏品之丰富。

地址：12 Grooms Hill, SE10 8ER
开放时间：
周二至周六 11:00-17:00，
周日 12:00-17:00
轻轨站 Greenwich下

LITERATURE·ART·SHOPPING

IN-LONDON

ART

1900年之前与之后

文 / 顾晨曦

如果追本溯源，大英博物馆（British Museum）、V&A博物馆（ Victoria and Albert Museum）、泰特现代美术馆（Tate Modern）这三个伦敦当下最受欢迎的艺术场所多少都和“饮食”有着千丝万缕的牵扯。

大英博物馆的奠基人是把巧克力带入欧洲的第一人；泰特美术馆来自维多利亚时代暴发户、糖业大亨泰特先生的捐赠；V&A博物馆，很长一段时间都以混乱的馆藏与展示、美味下午茶闻名。现在经历整顿后的V&A博物馆依然保有迷人的下午茶；泰特现代美术馆就在泰晤士河边，顶楼餐厅有着无敌好风景；而大英博物馆，它的蘑菇菜汤大概是所有英国博物馆里最美味的，特别是你逛累之后，味蕾极为敏感。

顾晨曦 Echo
曾作为编辑在国内时尚类杂志工作10年，后负笈英伦，在伦敦艺术大学传媒学院获得硕士学位。热爱艺术与设计，现为自由撰稿人。

1900年之前

大英博物馆是在1759年1月15日对外开放的，馆藏来自英王乔治二世以及汉斯·斯隆医生（Hans Sloane）的捐赠。英王虽然捐出皇家图书馆，但这相对而言多少有点寒酸，因为医生捐出了79575件收藏品（不包括植物标本、图书和手稿），后来医生庞大的捐赠中有一部分被拿去建立了自然历史博物馆（Natural History Museum），医生的书连同英王捐出的图书馆，一同成为大英图书馆的基础。当时，医生如此庞大的捐赠，只象征性地收了英王2万镑。医生早年游历海外，精于投资，他的另一大贡献是：把巧克力从牙买加带到欧洲，首创了巧克力加牛奶的喝法。

到了乔治三世统治时期，新英王又为大英博物馆做了笔好买卖，仅用789英镑就买下埃尔金伯爵从埃及搬回伦敦的帕特农神庙的石像，而伯爵曾宣称仅运费就7万英镑。埃尔金伯爵在活着的时候被诗人拜伦痛斥为强盗，不过大多数艺术家对伯爵的行为暗暗称道，他们宣称伯爵将奥林匹亚众神请到了英国，对古希腊艺术的膜拜成为了高潮，画家们想尽办法找门路去临摹这些来自艺术神殿的“埃尔金大理石”。石像抵达英国后，英国终于出现了一个能载入艺术史册的画派：拉斐尔前派（Pre-Raphaelites）。

拉斐尔前派创建于1848年，正是英国历史上最富裕的黄金时代——维多利亚女王时代。画派创立的第三年，就在伦敦举办了第一届世界博览会，当时，英国从一个农业国家转变为强大的工业国家，富裕的中产阶级逐渐掌握话语权，他们喜欢购买“美”的艺术品，他们不愿意看到丑的景象。于是，一个古怪的现象出现了，即便是在描绘社会贫富差距的现实作品中，穷人身上也洋溢着体面堂皇甚至高贵的气息，一切都被刻意美化了，脱离了现实。

拉斐尔前派的艺术家们大多不仅仅是画家，还是文采斐然的文人，甚至推出了自己的杂志。这些善于表达自己的画家们认为中产阶级的坏品位在破坏艺术、漠视心灵，他们提出“忠于自然”，试图用艺术抵抗蒸汽机开启的工业革命时代的来临。当时这些追求“表现真实”的努力曾引发轩然大波，连作家狄更斯也落井下石地插了一脚，撰文说拉斐尔前派描绘的圣母不仅不美而且很丑，连“英国最低级的酒吧里的丑八怪也比她强一些”。

拉斐尔前派解散得很快，但是他们影响了很多人，比如工艺美术运动的领导人威廉·莫里斯（William Morris），他抵制工业化生产、怀念手工业时代，他将艺术用于设计。后来，工艺美术运动又发展成新艺术运动。

1869年，罗斯金（John Ruskin）以全票通过的荣耀，成为牛津大学历史上第一个美学教授（Professor of Fine Art）。罗斯金推崇“忠于自然”，旅居伦敦的美国画家惠斯勒（James McNeill Whistler）则坚持“艺术要高于自然”，他们之间的矛盾逐渐加剧，终于闹上了法庭，画家控告评论家诽谤。1878年，法院判罗斯金败诉，不过罚款金额只有象征性的四分之一便士。这是一个两败俱伤的官司，输了官司的罗斯金愤而辞去牛津大学的教职，而惠斯勒也在赢得官司6个月后破产了。

罗斯金在牛津讲课期间力陈“美的必要性，机器的丑陋性”，当时教室里一名来自爱尔兰的身材高大的学生成为他的信徒——他就是王尔德。不过，就在罗斯金和惠斯勒打官司那年，王尔德又结识了惠斯勒，容易受影响的他又接受了“为艺术而艺术”的观念，最终两个打官司的人的观点被王尔德整合成：“对美的欲望，因艺术本身而对艺术产生热爱”，他自封美学教授，倡导唯美主义，并成为代表人物。

王尔德因为同性恋情而被判入狱时，另一个同样性取向、同样极受欢迎的作家毛姆才21岁。1900年，王尔德去世时，毛姆26岁。毛姆活了91岁，漫长一生里，他结过一次婚，一直回避同性恋话题，最后他说：“我是四分之一正常，四分之三同性恋。我尽力想说服自己是四分之三正常，四分之一同性恋。那是我最大的错误。”这里“正常”二字的使用，不免叫后人唏嘘。

1900年之后

王尔德过世后的第9年，在他的故乡爱尔兰都柏林，大画家培根（Francis Bacon）诞生，他和先祖哲学家培根同名。画家培根很小就知道自己的性取向，并因此和父亲产生激烈矛盾，传说在某次偷穿妈妈的衣服被抓后，父亲把他赶出家门，于是他就靠母亲给他的信托基金过活。一个有趣的事实是，尽管我们对培根推崇备至，但是与培根同一年出生的艺术史学家贡布里希（E.H.Gombrich）却采取漠视姿态，在他那本号称艺术圣经的《艺术的故事》里，对培根只字不提。

画家培根和艺术史学家贡布里希之间这点事儿，多少让人想到当代艺术家达明安·赫斯特（Damien Hirst）和艺术评论家们之间的矛盾，这个双子座的艺术家以破坏各种现有规则为乐，并兴致勃勃、孜孜不倦地追求财富，导致评论家们放话要将他排除在艺术史之外。

达明安·赫斯特为代表的YBA艺术运动，不断遭到来自艺术界内外的质疑："这也算艺术吗？"特纳奖评委塞罗塔爵士（Sir Nicholas Serota）一直不遗余力地推动英国当代艺术的发展，特别是YBA运动，作为评委，他不断让 YBA的艺术家入围得奖。就像当年，罗斯金对拉斐尔前派竭力维护那样。对了，小八卦一下，塞罗塔爵士那种在负面流言围裹中果敢前行的作风，与他的家庭背景不无关系，他的母亲曾出任英国政府的卫生大臣与政府发言人。

1900年之后的英国艺术显然红火很多，不断出现进入国际艺术史的艺术大家和各类坏小子，从街头艺术家班克斯（Banksy）到达明安·赫斯特，英国当代艺术一直是风头浪尖的话题。不过，如果比较一下，你会觉得，1900之前之后，艺术家们与艺术现象的本质都没什么变化，阳光下没有新鲜事，艺术家们多多少少都像罗斯金笔下的大画家特纳（J.M.W.Turner）——洒脱、慷慨、易怒、固执、不忠。

IN LONDON > ART

若是提及英国艺术，特纳、卢西安·弗洛伊德和达明安·赫斯特不得不提，至关重要。若将这三个名字和伦敦交叉搜索，我们能得到什么？应该是一些地址，那些他们曾经活跃过的地点……我们也从这里开始，了解伦敦……

特纳记录了从格林尼治公园向西北方向眺望的景像

CHAPTER 01
TURNER
特纳。风景的王者

约瑟·马洛德·威廉·特纳（Joseph Mallord William Turner，1775–1851），英国著名风景画家，以奇异的笔触“惊心动魄地掌握大自然的脉搏”。火灾、沉船、阳光、风暴、大雨、雾霾、大海是特纳最多描绘的对象。

19世纪，特纳和别的画家一样，喜欢表现扩张发展中的伦敦，也为伦敦周边乡村被侵蚀感到担忧。在一幅远景画中，特纳记录了从格林尼治公园向西北方向眺望的景象，圣保罗大教堂的穹顶显得非常遥远。这幅画在1809年首次展出的时候，特纳附上了这样的诗句：

泰晤士河倒映着拥挤的帆 / 到处是商业的操持与忙碌的劳工 / 它黑色的面纱弥漫天空 / 遮蔽了你的美 / 和你的形 / 唯有你的尖顶刺穿恶劣的空气 / 忧虑的世界里闪烁着的希望之光。

尽管特纳驱赶不了伦敦阴霾的空气，但他还是习惯在画面中给自己生长并生活的伦敦一个爱国豪情和希望的视角——比如一道阳光照亮了位于格林尼治的老皇家海军学院和女王宫。

左图为特纳约绘于1799年的《自画像》，是极少描绘其相貌的画作

THE NATIONAL GALLERY
国家画廊。被规划的房间

地址：
Trafalgar Square,
WC2N 5DN

开放时间：
周一至周日 10:00-18:00
周五延长至 21：00

交通：
地铁站 Charing Cross下，
步行 5分钟

1851年，特纳去世，遗嘱中将所有的画作捐给国家。虽然现在藏有特纳画作最多的是泰特英国美术馆（Tate Britain），但几幅重要的画作都被保存在国家画廊（The National Gallery）。特纳在遗嘱中唯一的要求是将 *Dido building Carthage* 和 *Sun rising through Vapour: Fishermen cleaning and selling Fish* 与法国画家克劳德·洛兰（Claude Lorrain）的 *Embarkation of the Queen of*

KING GEORGE IV

The frighting Temeraire

Sheba 和 *Marriage of Isaac and Rebekah*悬挂在一起，因为特纳一生都对克劳德·洛兰风景画中的光迷恋不已。洛兰和同时代的普桑（Nicolas Poussin）并列为17世纪伟大的古典主义风景画家，他对阳光反射的微妙运用和色彩的巧妙安排极大地影响了后来的画家。洛兰的画作*Embarkation of the Queen of Sheba*是他以古典建筑遗址为画面背景的代表

Calais Pier

作品，特纳的*Dido Building Carthage*用了类似的构图和场景，用日出来表示帝国的兴起。

如特纳所愿，在国家画廊Room 15里能见到这几幅名作。而特纳的另两幅名作*The fighting temeraire*、Calais Pier则悬挂于Room 34。2005年，由BBC发起的公众投票中，*The Fighting Temeraire*被选为“英国最伟大的画作”。

TIPS

特拉法加广场是人们闲坐、聊天的去处

以印象派画作为元素的卡片

英国的博物馆和美术馆都是免费开放，除特展以外。但是它们很欢迎捐赠，进门处随处可见捐款箱，而在特展购票时，也通常将票价分为“包括捐款”和“不包括捐款”。更常见的一种做法是在随意领取的地图上标价1镑，当然捐赠与否全凭自觉。国家画廊的进门处有地图可拿，其中有中文版。这份地图的优点是将画廊中最重要的几幅藏品所在的展室标注得很清楚，包括Room 56内的扬·凡·艾克（Jan van Eyck）*The Arnolfini Portrait*；Room 30内的委拉斯凯兹（Velazquez）*The Rokeby Venus*；Room 45有梵高（van Gogh）*Sunflowers*等。

另外，国家画廊同苏格兰国家画廊（The Scottish National Gallery）一起购买了提香的作品Diana and Callisto，它与提香的另一幅作品*Diana and Actaeon*被认为是英国的私人藏家手里最为珍贵的艺术品。*Diana and Callisto* 自2012年3月起在国家画廊展出一年半，之后便移至苏格兰继续展览（目前，苏格兰国家画廊的一间展厅正在为迎接名画而做修整）。

位于国家画廊左侧的Sainsbury Wing是1991年竣工开放的展览厅，特展通常会在那里展示，值得关注。

每天都会有藏品导览，时间分别为11:30、14:30和周五则加设19:00一场，集合地点在Sainsbury Wing的信息服务台，行程大约1个小时。周五至周二16:00还会有针对个别油画的10分钟英文讲座。

国家画廊商店很值得逛，多次在这里买到以印象派画作为元素的餐垫、月历等，送人自用两相宜。

建议仔细浏览官网www.nationalgallery.org.uk，内容包括有中文的参观指南，两条建议参观路线：风景和与儿童共赏，可以加入到你的参观规划中。“风景”参观路线着眼国家美术馆的五幅风景画，细究此类绘画的大师们尝试的各种技法和探索的课题。

DOLORES
DELIGHT

TATE BRITAIN
泰特英国。遗赠归宿

地址：
Millbank，SW1P 4RG

开放时间：
周六至周四 10:00-18:00
周五延长至 22：00
（最后入馆时间周六至周四为 17:15，周五为 21:15）

交通：
地铁站 Pimlico下，
步行 10分钟

1987年，泰特英国美术馆大兴土木，在upper floor修建Clore Gallery，作为特纳遗赠的落脚点。泰特英国美术馆的特纳作品收藏包括近300幅油画、30000张写生以及300个写生簿在内的水彩作品。其中绘于1799年左右的《自画像》是特纳极少的描绘自己相貌的画作，可见他对自己的相貌并不满意，据画家克拉克森·斯坦菲尔德回忆："特纳不能容忍任何人为他画像，因为没有人会相信那么美丽的画作竟然出自一个丑陋的家伙之手。"特纳在自画像中巧妙地回避了自己的大鼻子，他的个子也很矮，只有5英尺4英寸高（这多亏裁缝保留了为他做裤子的图样），还有着"英国农夫般的外貌，肥大的黑色衣服、宽大的鞋子，举止生硬、冷漠"。

Clore Gallery的特纳常设展就包括"Color and line:Turner's Experiments"，展示特纳对水彩及版画所做的革新，包括就"光"在画面中的不同处理而运用或自创的不同水彩颜料。参观者可以充分运用互动展示工具，并亲手以特纳的技术一试身手，正如19世纪时，学生在国家画廊的地下室临摹特纳的水彩作品一样。

特纳遗赠在泰特英国美术馆得到了善待，经常藉由主题展的方式，从不同角度展示特纳的艺术。泰特美术馆还制作了"Turner Online"在线资源，内容包括特纳小传、由艺评家、历史学家等谈论特纳其人其作、还原特纳开设的画廊，以及在Turner's Travels单元让观众化身特纳，体验当年艺术家周游英国的足迹。

泰特英国美术馆出售的明信片

从1984年起，泰特美术馆以特纳的名字命名了当代艺术大奖，原因在于特纳生前曾经想为年轻艺术家设立奖项，而且在特纳所处的年代，他就是一个特立独行的创新派，被人视为“疯子”——大面积的色块被形容为“粗陋的污渍”，对光的迷恋被揶揄患上“黄热病”——这与特纳奖想要传递的精神不谋而合。得过特纳奖英国艺术家几乎都成为了全球当代艺术的焦点，比如吉伯特&乔治（Gilbert&George）、达明安·赫斯特(Damien Hirst)、斯蒂夫·麦奎恩（Steve McQueen）……

据记载，特纳常常在展览会的前一天，特意到会场去，观察陈列在自己画旁边的其他画的色调，再在自己的画上涂以强烈的颜料，想压倒其他的画，有时候反倒把整个构图弄乱，为此特纳不止一次受到批评家的嘲笑。

TIPS

泰特英国美术馆与泰特现代美术馆（Tate Modern）之间有Tate Boat，客轮在美术馆开放时间内每40分钟运行一班，穿梭在泰晤士河上，风景独好。泰特英国美术馆的Milbank入口对面就是码头，上船购票，成人票单程为5.5镑，往返票为11镑。详情请见http://www.tate.org.uk/visit/tate-boat。

泰特英国美术馆与泰特现代美术馆两馆间有"Tate to Tate"团体行程，早上在泰特英国美术馆参观，下午乘坐Tate Boat前往泰特现代美术馆。最少团体人数为15人，每位票价23镑。可以电话+44 (0)20 7887 4946 或发邮件至tour.bookings@tate.org.uk.预约。

泰特英国美术馆设有个性化行程体验，包括两人一组的重点藏品介绍，或是特展巡礼，分日场100镑和夜场120镑两种价格。泰特英国美术馆从2013年5月起，按照时间顺序展示其跨度长达500年(1550年至今)的艺术藏品，也会在2013年完成各展厅的养护与升级以及开放新展厅的计划。这对于那些不满最近数年很少展示20世纪之前的艺术品的评论家们来说应该是个好消息。

重点藏品除特纳作品外，还包括拉斐尔前派威廉·霍尔曼·亨特（William Holman Hunt）的*The Awakening Conscience*；米莱（Millais）的Ophelia；罗赛蒂（Rossetti）的*Lady Lilith*等。（在英国伯明翰市的伯明翰博物馆和艺术画廊收藏着许多世界知名的拉斐尔前派画作，这些画作也对在当地长大的作家、《指环王》系列作者J.R.R.托尔金产生极大的影响。）

罗赛蒂 *Lady Lilith*

SOMERSET HOUSE
萨默塞特宫。美妙楼梯

从河滨大道（The Strand）一路走到萨默塞特宫（Somerset House），先到Seamen's Hall的前台领取免费导览参观券。提前10分钟在前台处集合，导游会给每人贴上贴纸。导览的第一站便是可以领略泰晤士河景致的River Terrace，脚下便是由圣保罗大教堂川流向伦敦眼的河水。

这座巨大的都铎王朝宫殿的第一位主人是萨默塞特（Somerset）公爵爱德华·西摩（Edward Seymour），他是爱德华六世的舅舅，1552年死于谋反罪，此时距离萨默塞特宫完工仅一年。可怜的公爵最终无福消受这座“与其权势相称的宫殿”。此后的百余年里，萨默塞特宫迎来了四位女王和王后作为它的新主人。这其中包括伊丽莎白一世、詹姆斯一世的妻子安（Anne of Denmark）、查尔斯一世的妻子亨丽埃塔·玛丽亚（Henrietta Maria）、查尔斯二世的妻子凯瑟琳（Catherine of Braganza）。在此过程中，它常被用于召开假面舞会、国际和谈，甚至还当过内战时议会军的指挥所。

连年失修导致原先壮丽的宫殿残败不已，1774年，在乔治三世的授权下，一座新的宫殿在古老的废墟上拔地而起。新的萨默塞特宫由建筑师威廉·钱伯斯爵士（Sir William Chambers）设计，修建工作直到1801年才算告一段落。繁多的政府部门和学会在其中各自为营，相安无事地处理着它们的

地址：
Strand，WC2R 1LA

开放时间：
Embankment level
周一至周日
10:00-18:00，
River Terrace
8:00-23:00

交通：
地铁站 Charing Cross
或 Embankment下，
步行 15分钟

萨默塞特宫广场用途极多，夏日是喷泉，冬日化身冰场

事务。这其中包括海军委员会、税务局、总务办公室、遗产承办局、皇家学会、皇家艺术学会和皇家考古学会等。

当皇家艺术学院还坐落在萨默塞特宫时，1789年，14岁的特纳进入皇家艺术学院学画，第二年春天，即1790年的年展上，他首次展出了自己的水彩作品。1799年11月，特纳成为皇家艺术学院最年轻的候补会员，1802年成为正式会员，当时皇家艺术学院的会员资格是一种专业上的认可，获得这种认可有助于画家销售自己的作品。

1811年，特纳举办了一个题为《背景——建筑和风景画入门》的讲座，因为讲课口齿不清而备受嘲笑。他时常用自己的长诗《希望的谬论》（*The Fallacies of hope*）中的一些句子来命名自己的画作，但这首诗从未被人认真对待。

和当时其他英国画家一样，特纳也尝试在户外进行油画素描，有时还在画上附注颜色，例如“土壤呈浅红色、灰绿色，大海是蓝色，阳光下薄雾和煦，叶簇明丽，阴暗处呈宁静的灰色”等等，极大锻炼了特纳观察自然物象微妙变化的独

右图为特色的 Nelson Stair

特本领。虽然在哈雷大街（Harley Street）有自己的画廊，特纳还是不间断地在皇家艺术学院内展出自己的作品，比如1817年展出*Dido building Carthage*的姐妹作品*The Decline of the Carthaginian Empire*，凭吊了滑铁卢战场。

1799年起，特纳接到的活多到干不完，挣的钱远超过自己的花费。到了1801年至1811年间，特纳的财产约有12000英镑（相当于今天的75万英镑）。他从未在银行开设账户，而是倾向于购买股票，这和毕加索一样。

TIPS

- 免费导览时间为周四13:15和14:45，周六12：15，13：15，14：15 和15：15。导览的重点包括Nelson Stair。建筑师威廉·钱伯斯爵士在设计萨默塞特宫时，为其设计了许多有特色的楼梯，其中Nelson Stair因为最初的功能是通往海军办公室，因此仿效船上的楼梯，蜿蜒而极具戏剧美感。在面向泰晤士河的一面设有一大二小三个拱形水门，以前船只可由此方便地进出，在后来的世纪里，河水填成了堤岸，水门改造为路面的入口和贮藏室。人们在水边生活，却不再漂泊也不再畏惧。此外，导游还会将游客带至楼下的死牢和通风设施极差的坟墓。

- 如今的萨默塞特宫的广场夏天喷泉齐放，冬天则是最好的户外溜冰场，每年伦敦时装周这里都是重头戏之一，还有户外音乐会等在这里举行。

- 从Stand入口处进入后的右手边，坐落着考陶尔德画廊（The Courtauld Gallery）值得参观。印象派的画作是其收藏的亮点，如梵高（van Gogh）的*Self-Portrait with Bandaged Ear*，马奈（Manet）的最后一幅画 *A Bar at the Folies-Bergère*，以及塞尚（Paul Cézanne）著名的*The Card Players*。此画一共5张，2012年2月，*The Card Players*中的一幅曾被卡塔尔王室以超过2.5亿美元的价格买下，引起轰动。

MAIDEN LANE
美登巷。窄巷子

从考文特花园市集和著名的马卡龙店穿过，往圣保罗教堂（St Paul's）的背面走，在寻找狄更斯常去的鲁尔斯餐厅时，才发现自己已经处在只够一辆车通行的窄巷子美登巷（Maiden Lane）里，特纳就出生在这里。

特纳的父亲是理发师，由于那个年代理发师可以通过假发生意获得丰厚利润，因此特纳一家过着相当不错的日子。据说，特纳第一次显露出才华是他用手指蘸着茶盘上洒落的牛奶作画。12岁时，父亲把他的画挂在理发店的窗户上出售，由于当时还没有发明照相技术，因此风景名胜的水彩画很流行。

对特纳来说，精神失常的母亲玛丽是个不能被提的存在。特纳在母亲被幽禁后，再也不许别人提起她，他也极度担心自己会发疯。

据艺术批评家约翰·罗斯金（John Ruskin）的描述，特纳离开了黑暗、狭窄的美登巷的家，向大河一路走去，沿着河一路走到伦敦桥，并因此终生热爱任何充满鱼腥及泥泞的地方或事物，如比林斯门鱼市场、黑色驳船、有补丁的帆船。1805年，特纳在泰晤士河边居住时，拥有自己的帆船，他在帆船上一边观察天空及水面的倒影，一边画素描。他还把自己捆绑在风暴中船的桅杆上，以体验暴风雨的景象。

地址：
covent garden区域内

开放时间：
随时可去

交通：
地铁站 Covent Garden下，
步行 10分钟

QUEEN ANN STREET / HARLEY STREET
安妮皇后大街/哈雷大街。静光

1804年4月，特纳最早将画廊开在哈雷大街（Harley Street），之后又迁至安妮皇后大街（Queen Ann Street）自己的住所对面。最初有三十余件作品同时展出，直到1810年为止他每年都会定期举办自己的画展，接下来的10年则是断断续续地开过几次。安妮皇后大街靠近哈雷大街的一幢房子上有刻着特纳头像的铜牌。蓝色徽章、铜牌在伦敦的建筑物上并不少见，详细标注了某一位名人曾经在此处居住的信息。

“我见过特纳很多次，都是在那间美丽的老房子里，给我开门的总是一位用脏兮兮的绒布包着头的老妇人。房间里的家具蒙着厚厚的一层灰，那些伟大的画作静静地发着光……” Lady Trevelyan如此形容特纳的画廊。在那里，特纳储存着自己的画作。画廊长19英尺、宽15英尺，墙壁漆成红色，有着极好的中央采光，墙上的画彼此很近。正如别的艺术家一样，特纳总对皇家艺术学院展览中画作的展示方式颇有微词，在自己的画廊里，他就“为所欲为”了。

乔治·琼斯（George Jones）绘于1852年左右的画作*Turner's Gallery; the Artist Showing his Work* 和 *Turner's Coffin in his Gallery*是已知仅存的描绘特纳画廊的画作，特纳从不允许别人在他的画廊中写生或记录，乔治·琼斯的作品也是之后靠回忆画成。

开放时间：
随时可去

交通：
地铁站Bond Street下，
步行 10分钟

乔治·琼斯笔下特纳的画廊

TIPS

泰特的官方网页上有专门的“特纳的画廊”频道（http://www2.tate.org.uk/turner/gallery.htm），其中用 3D技术还原了特纳画廊的景观。

TURNER CONTEMPORARY
特纳现代美术馆。可爱天空

“萨尼特海岸有着全欧洲最可爱的天空。”特纳在给艺评家约翰·罗斯金的信里如此写道。特纳11岁时第一次被父母送到马盖特（Margate），在老城的爱情巷（Love Lane）上学，由房东布斯太太照顾（特纳和布斯太太的感情深厚，在她的丈夫去世后，特纳便自称“布斯先生”。1846年起，特纳以“阿德米拉尔·布斯”的假名与布斯太太在切尔西生活）。据布斯太太回忆，在他们共同生活了两年后，特纳就再没在她身上花过钱，但他对那些欠他房租的人也从不追讨，并在遗嘱中留下钱财，用来建立一家资助贫穷风景画家及单身男子的慈善基金会。

21岁时，特纳再次来到马盖特，这里独特的光线、海滩给了他许多素描灵感，特纳依照东肯特海岸的景色画了逾100幅作品，其中*The New Moon*明显能认出画面远处的马

地址：
Rendezvous，Margate，Kent CT9 1HG

开放时间：
周二至周日：10:00-18:00
每个月有一个周五延长至22:00

交通：
从London St Pancras和Stratford International火车站 每小时都会有开往Margate的列车，行程约90分钟

©Richard Bryant/Arcaidimages.com

盖特码头。1820年之后，他更是常常来此处，当年马盖特一直是伦敦人远离都市的度假胜地，而这一情景现在也在慢慢恢复。

2011年4月，就在原先布斯太太的房子处，一座以特纳名字命名的当代美术馆开幕了。从马盖特火车站出来，便能看见介绍美术馆的海报，走出站就能看见海（近距离地看，海水有干涸的感觉，不复179年前的可爱）。一路沿着海岸线，面朝钟塔的方向，大约走15分钟，便是美术馆的入口处。从美术馆的窗户向外望，就是当年特纳的视角。频繁造访东肯特海岸的经历，让特纳爱上了描绘海景，在摆脱了前期描绘海军题材之后，特纳更专注于通过风暴、沉船来表现海的能量。

The New Moon
明显能认出远处的马盖特码头

MORE 周边还有……

SANDYCOMBE LODGE
桑迪柯比小屋

这是在大伦敦范围内的地方，大伦敦包括32个镇，亭克汉姆（Twickenham）属于泰晤士河畔里士满（Richmond upon Thames）镇。小屋靠近St Margaret's 火车站，由特纳自己设计，哈罗德·利维莫（Harold Livermore）教授和夫人在二战后保护了这所居所，并在那里居住，直到教授2010年去世。现在，小屋门口悬挂着蓝色徽章，清楚地显示这是特纳故居。

1785年，特纳妹妹的病情每况愈下，其母亲的精神状态开始变差，特纳被送到泰晤士河上的宾福特（Brentford）的叔叔家居住。1807年，已经很有钱的特纳开始在亭克汉姆买房产，那里是靠近Brentford的时髦小镇，受好朋友约翰·索恩（John Soane）爵士建议下，他在桑迪柯比路（Sandycombe Road）边为自己和父亲建造了小屋，特纳的日记本里记录了建造初期的想法和草图。

花园中建造了亲水花园 ，在不远处停泊着小船，特纳时常在落日时分坐在二楼阳台作画。可惜花园在19世纪末被破坏了。因为特纳时常在外旅行，而他的父亲并不习惯这里的潮湿，特纳最终在1826年变卖了这座小屋。目前，小屋由一家信托基金托管，正打算修缮完成后，对公众开放。

ST.PAUL'S CATHEDRAL
圣保罗大教堂

特纳逝世后被葬在位于大教堂地下的The Crypt中，那里还安眠着不少文学家和艺术家。有关夏洛克·福尔摩斯的电影就是在这里的螺旋楼梯和The Crypt拍摄完成的。

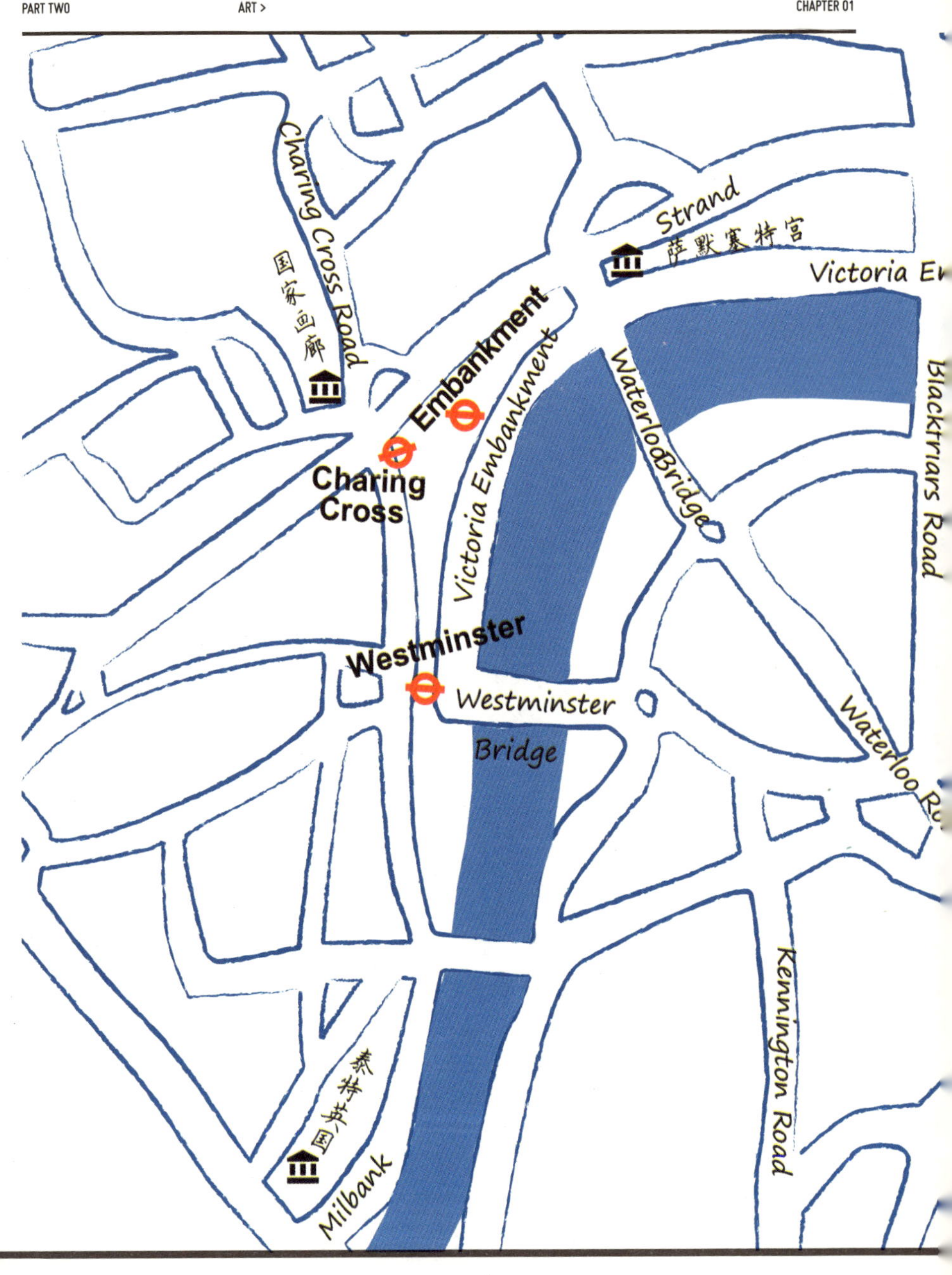
Charing Cross Road
国家画廊
Strand
萨默塞特宫
Victoria Em
Embankment
Charing Cross
Victoria Embankment
Waterloo Bridge
Blackfriars Road
Westminster
Westminster
Bridge
Waterloo Ro
Kennington Road
泰特英国
Milbank

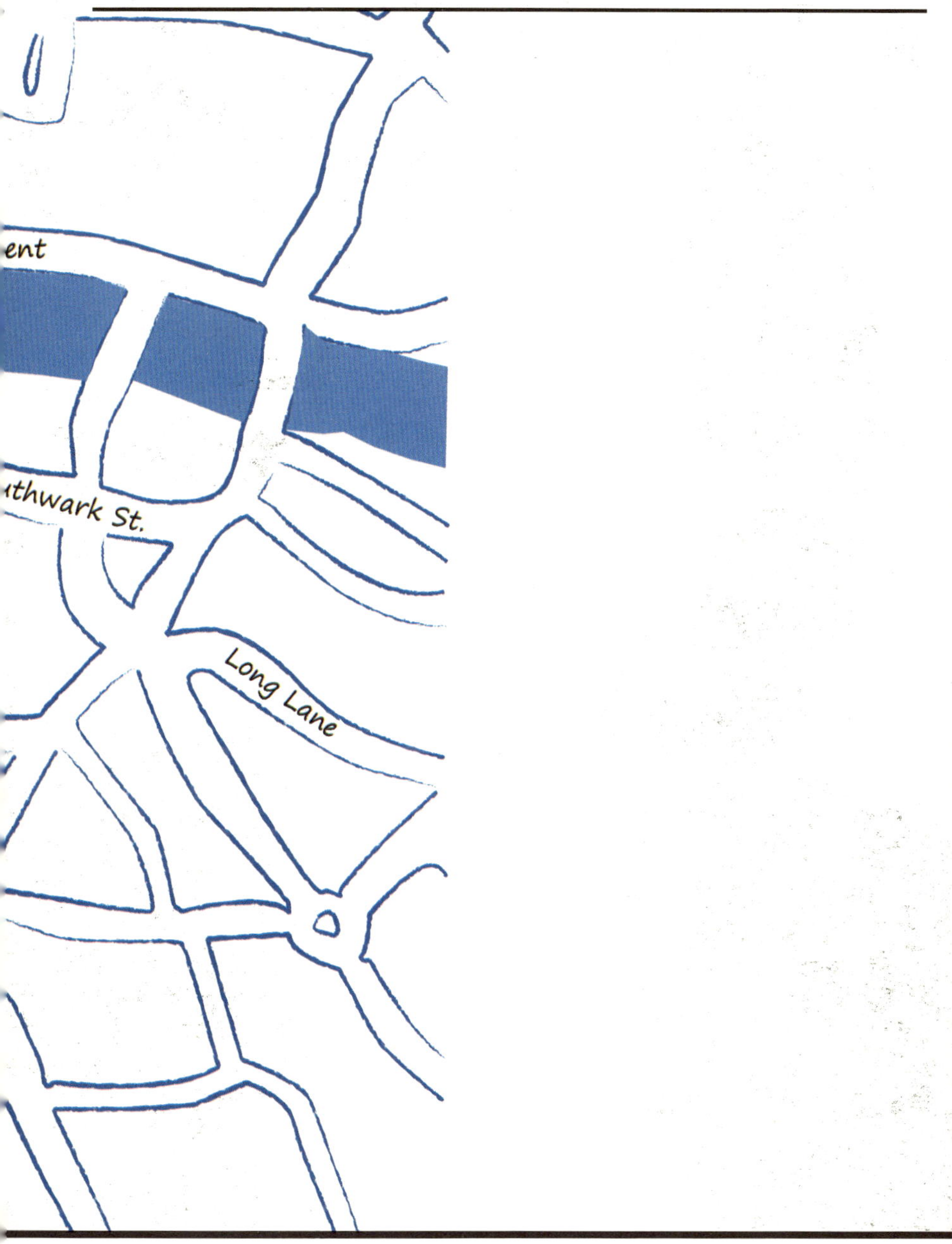
ent
thwark St.
Long Lane

CHAPTER 02
LUCIAN FREUD
弗洛伊德。直面人心

卢西安·弗洛伊德（Lucian Freud，1922–2011），表现派画家，酷爱畸形病态的主题，绘画过程缓慢，一层一层的颜料堆积出细微的表情和纹路，人物丑陋而直面人心。他所选择的模特古怪、不同寻常，难得画个时髦人物，比如凯特·摩斯，据她回忆：“我那时谁没见过啊，但就是特想见卢西安·弗洛伊德。2001年冬天见到老头儿，结果他说他最想见的人就是我，我就激动啊。他很老派，我们在场面上混的时候他一直抓着我的衣服生怕我丢了……”弗洛伊德衣着讲究，张口能念柯尔·波特（Cole Porter）的抒情诗，还能背唱大段冷门歌剧选段。

卢西安·弗洛伊德应该算是中国画家们的偶像，陈丹青、刘小东、毛焰、韦嘉等人都表示是他的粉丝。

地址：
St Martin's Place，
WC2H 0HE

开放时间：
周一至周日 10:00-18:00
（周四、周五延长至21:00）

交通：
地铁站 Charing Cross 下，
步行 5分钟

NATIONAL PORTRAIT GALLERY

国家肖像画廊。面孔

Portrait Restaurant View ©Sphericalimages.com

2011年7月，卢西安·弗洛伊德在伦敦去世。2012年，弗洛伊德的大规模回顾展在英国国家肖像画廊（National Portrait Gallery）举行，展览日期很早就定了下来，画家本人亲自参与了展览的制作，直到去世。

展览按照创作年代前后来安排，中间穿插一些模特的专区——包括来自弗洛伊德大家族的亲戚，他的前助理大卫·道森（David Dawson）和表演艺术家雷夫·波维瑞（Leigh Bowery）等。从1940年代那些超现实风格的画作，到晚年癫狂的厚涂，皆有涉及。名作包括曾以3360万美元创造在世画家作品拍卖最高纪录的《沉睡的救济金管理人》，当时被罗曼·阿布拉莫维奇买下，画中有着庞大身躯的外号叫“大苏”的救济金管理人。展览的结尾是三幅弗洛伊德助手大卫·道森和他的狗艾利的裸体画，其中包括未完成的作品《猎犬肖像》——狗睡着了，而大卫·道森平静地面对着弗洛伊德。

TIPS

国家肖像画廊的主要收藏包括11000件肖像作品，其中4000件为画作、雕塑和微型画，60%的收藏会定期展出。收藏中有7000件作品对光很敏感，因此每年轮流展示300件，以减少光对作品的损伤。

画廊成立于1856年，收藏原则是保留那些对英国有卓越贡献的人物的肖像。直到1969年，除了皇室成员以外，所有被收藏肖像的人物至少去世10年以上，这样能确保他的名声经过时间的考量。这一法则今天不再适用，画廊以开放的姿态吸收各种描绘肖像的形式，各种新兴媒体创作被广泛地接纳。

画廊按时间顺序布展，一次能欣赏到自都铎王朝（1485-1603，分布在Room1-3）、斯特亚特王朝（1603-1714，分布在Room4-8）、改革时期（1714-1837，包括乔治一世至三世等，Room9-20）、维多利亚女王（Room 21-22）、Room23则有一幅托马斯·琼斯·巴克尔（Thomas Jones Barker）受委托之作*The Secret of England's Greatness*，记录了维多利亚女王生命中的重要时刻。

Room24 收藏了维多利亚早期艺术，包括描绘勃朗特三姐妹的唯一的一幅画作，作者是他们的弟弟帕特里克·布兰威尔（Patrick Branwell），他将自己模糊的头像放在了艾米莉和夏洛蒂的中间，这幅画1914年在碗柜的顶上被发现。丹尼尔·麦克利斯（Daniel Maclise）描绘狄更斯的肖像，可以一睹作家早年作为文学美男子出道时的风姿，当然也为长残后的美男子而唏嘘不已。Room26展

Interior images © Colin Streater

示维多利亚时期著名肖像画家沃茨（G.F.Watts）的作品，他为妻子埃伦·特里（Ellen Terry）所绘的肖像*Choosing*的主题是年轻貌美的妻子正埋首于娇艳但无香的茶花和貌丑却芬芳的紫罗兰中，难以选择的场景。17岁的埃伦嫁给了比自己大30岁的沃茨， 可惜婚姻只维持了不到一年。而后，Ellen重回舞台，成为了著名的莎士比亚戏剧女主角，她最著名的舞台角色是加入了亨利·欧文（Henry Irving）剧团后的《威尼斯商人》和《无事生非》。

此外，Room 31集中了布鲁姆斯伯里小组（Bloomsbury Group）的肖像，包括弗吉尼亚·伍尔夫（Virginia Woolf）的姐姐瓦妮莎（Vanessa Bell）为其画的肖像及斯特雷奇（Lytton Strachey）的肖像等，表达出了这群文人自由探索的精神，大胆的用色和光线的处理显然继承了印象派的精髓。同样在这间房间里，还能看见“彼得兔”的作者波特小姐（Beatrix Potter）被塑造成了湖区牧羊人的肖像、唯一作为英国女性超现实主义艺术家艾琳·艾加（Eileen Agar）的自画像、在艾略特获得诺贝尔文学奖的第二年好友帕特里克·赫伦（Patrick Heron）为诗人创作的现代主义肖像等。

画廊还收藏了22000件摄影作品，包括贝克汉姆、凯特·摩斯等，大部分都无法展出，但是可以在http://www.npg.org.uk/collections/中欣赏到。

Room35-41中展示了画廊委托拍摄的有关英国方方面面生活的肖像照，包括英国最有名的主打意大利家庭菜的River Café的老板Ruth Elias和Rose Gray， River Café是帅哥名厨Jamie Oliver的启蒙地，它也曾因布莱尔首相的关系登上报纸版面，英国一位政治家Peter Lilley就曾讽刺地说：“难道伦敦只剩下River Café和 英国摇滚乐好提了吗？！”

国家肖像画廊的官网上还有一块有意思的内容，记录了与主要藏品相关的书信。比如萧伯纳在1944年7月15日给当时的画廊总监汉克（H.M.Hake）的一封信，记录了他赠予画廊T.E.Lawrence（也就是阿拉伯的劳伦斯）的肖像的情况。信中他询问了关于画廊是否收藏仍在世名人的 肖像的疑问。详见http://www.npg.org.uk/collections/about/primary-collection/documents-relating-to-primary-collection-works/

（从上至下）
艾琳·艾加自画像；
埃伦·特里为主角的*Choosing*；
瓦妮莎画的弗吉尼亚·伍尔夫

MORE 周边还有……

HOLLAND PARK
荷兰公园

卢西安·弗洛伊德把家安在伦敦荷兰公园附近的富人区里，厌恶抛头露面，连在欧洲的美术馆内看见他作品的几率也很小，乐于做自己的“荷兰公园隐士”。

出了荷兰公园（Holland Park）地铁站，往路的对面一路向上走，便能见到以野生动物种类繁多而出名的荷兰公园，人烟稀少，骄傲的孔雀懒散地攀在拱门上歇息，也不怕人。弗洛伊德将画室安置在顶层，布置成乔治亚风格。房间里到处涂抹着颜料，弗洛伊德的身上总系着一块窗帘，随时把笔往上蹭。他常常同时创作五六幅画作，并且绘画对象总要在眼前。他一直严格区分上午、下午和晚上的绘画作品，有时上午画一匹马，下午画裸体者。弗洛伊德好赌，财运时好时坏，过去经常欠一屁股债。

弗洛伊德还爱打扮，常去萨维尔街（Savile Row）裁缝店试穿外套，有通风孔的、没通风孔的，有口袋的、没口袋的，统统都试上一遍。有时，今天开回辆劳斯莱斯，明天又没了。晚年的弗洛伊德有钱了，开始收藏，眼光不错地收了罗丹、塞尚和培根的作品，都是好东西。

FREUD MUSEUM
弗洛伊德博物馆

卢西安·弗洛伊德另一个不得不提的身份是心理学家西蒙·弗洛伊德的孙子。弗洛伊德家族有良好的教育传统，在关于西蒙·弗洛伊德的传记中写道：让年幼的孙子读十四行诗《绞刑架下的歌》，在他的起居室里挂上布鲁盖尔的画。星期天下午，如果西蒙没有成堆的稿子要处理的话，他就带孩子们去参观两个优秀的艺术博物馆，迄今为止，孩子们已熟悉了每一幅作品，尤其是伦勃朗的、布鲁盖尔的，以及冯·费斯特尔男爵夫人的藏品《城堡废墟》。西蒙将这里的艺术作品与他在意大利看到的相比较，更增

荷兰公园

弗洛伊德博物馆内景

沃斯利餐厅

添了孩子们的浓厚兴趣。

此外，卢西安总是将模特安置在画室中老旧的高背沙发上，此情此景似乎与弗洛伊德的心理症疗室有几分相似。

THE WOLSELEY CAFÉ RESTAURANT / CLARKE'S

沃斯利餐厅/克拉克餐厅

这是卢西安·弗洛伊德在伦敦最常光顾的两家餐厅。位于丽兹酒店旁边的 The Wolseley Café Restaurant门口有一身黑衣的绅士等候，出入的皆是打扮时髦的人儿。拥有者之一的杰里米·金（Jeremy King）是弗洛伊德的模特之一。在弗洛伊德去世后， The Wolseley café &restaurant将所有的餐桌翻起以示纪念。

弗洛伊德也曾为自己连续15年每天享用午餐的Clarke's 的女老板萨莉·克拉克（Sally Clarke）画过几次肖像。据克拉克回忆："弗洛伊德总是带着他正在画的模特来，凯特·摩斯或是助手大卫·道森。弗洛伊德习惯一个人呆着，先来一杯伯爵茶配巨大的一块葡萄面包，后来他开始喝咖啡，我们把他喝的叫'弗洛伊德拿铁'，比普通的拿铁放了更多的牛奶。他总是拉着我聊天，一边吃下我们自制的一整块牛轧糖，天哪，在早饭的时候！我还通常给他做煎蛋和烤土司当作早餐，午餐时候他爱吃鱼。"

Holland Park
Holland Park Avenue
Kensington Gardens
荷兰公园
Kensington High St.
Kensington Road
Cromwell Road
Fulham Road

沃斯利餐厅
国家肖像画廊
Charing Cross
Park
Piccadilly
Bridge Walk
ton Road
Sloane St.
Vauxhall Bridge Road

CHAPTER 02
DAMIEN HIRST
赫斯特。YBA的灵魂

达明安·赫斯特（Damien Hirst，1965-），英国YBA（Young British Artists）的领军人物，出生于1965年。赫斯特对于生物有机体的有限性十分感兴趣。他把动物的尸体浸泡在甲醛溶液里的系列作品有着极高的知名度。另外，他还对医学与艺术的关系兴趣极大，药品、药柜、手术器具屡次成为他创作的对象。联想到他14岁去医院时偷了只耳朵，藏到朋友的匹萨饼中，16岁时又潜入停尸间与一个尸体的头像合照并露出兴奋的微笑的古怪行径，后来的创作动机也都有迹可循了。

赫斯特的一件名为《献给上帝之爱》的钻石骷髅镶嵌有8601颗重达1106.18克拉的VVS级高纯度钻石，光是钻石部分就价值1200万英镑（约合人民币1.83亿元），在2007年8月30日，这颗钻石骷髅头创造出1亿美元成交价，当时创下在世艺术家作品售价最高纪录。

TATE MODERN
泰特现代。在河边

泰晤士河边“大烟囱”——泰特现代（Tate Modern）是伦敦潮人聚集地。千禧桥的另一头就是著名的圣保罗大教堂。泰特现代建筑的前身是发电厂，是瑞士建筑师雅克·赫尔佐格（Jacqes Herzog）和皮埃尔·德·梅隆（Pierre de Meuron）用四百多万块砖“搭”出了现在的模样。占地惊人的涡轮大厅（Turbine Hall）用来展示大规模的作品，而大型“油罐”空间是泰特美术馆21500万英镑扩张计划的第一阶段，雅克·赫尔佐格和皮埃尔·德·梅隆早就想把这些三叶草

地址：
Bankside, SE1 9TG

开放时间：
周日至周四 10:00-18:00
周五周六延长至 22:00
（最后入馆时间周日至周四为17:15，周五周六为 21:15）

交通：
地铁站 Southwark 下，步行 10分钟

SAMA
BOETTI
GAME PLAN
28 February – 27 May 2012
Damien

形油罐变成新老建筑的分界点，计划最终将实现在储油箱上再建一个10层建筑。

照目前的计划，自2012年7月起，“油罐”将是世界上首个永久用作行为艺术、装置艺术和表演艺术的美术馆展览空间。3个30米宽、早已被废弃三十多年的混凝土储油箱，其中一个作为后台，另外两个被作为行为艺术、表演、电影、装置艺术的永久展示空间，同时还兼具举办研讨会和大型会议的作用。“油罐”空间将定期开放，直到2016年整个项目竣工。

达明安·赫斯特值得泰特现代为他举办一场声势浩大的回顾展吗？无论答案如何，今年47岁、“火”了已经二十多年的世界上最富有的艺术家的回顾展在泰特现代开幕了。在英国唯一排长队的经历就是奉献给了这场展览，排队购票（14镑）、按票面显示时间排队进场、在有活蝴蝶纷飞的温室门口继续被严厉地要求“请排队！”那颗最昂贵的钻石头颅，被单独安置在位于一层的小黑间内，在8位保安的守护下熠熠闪光。

《卫报》评论员说，达明安·赫斯特回顾展相当精致华丽，全是最好的陈列橱窗，没有那些他正在德文郡的家中创作的腐烂的“适当的”绘画作品。参观者带着不一的心情，审视、崇拜、不屑一顾，驻足在幼稚的点图、甲醛里的牛、燃尽的烟头、恶心的*The Anatomy of an Angel*前，久久不走。有一个展厅以“财富”为主题，在用类似金箔的耀眼

The Anatomy of an Angel

墙纸装饰的展厅里，人们站在巨大的“钻石”柜前，有谁没有感叹下金钱的美好、发觉人性内心的贪婪呢？不可否认的是，赫斯特的每一件作品都是敏捷、老练而且讽刺性的，他的“死亡”、“恐惧”主题总是重复，这些年被毫无变化地反复炒作着。

达明安·赫斯特如细菌一样，“臭名昭著”地占据了当代艺术的话题中心。不过，参加回顾展的很多作品很少被展示且讨论：艺术家那偏执的第一件点点绘画，还有一系列暗黑型的录像作品。

TIPS

伦敦的画廊里都可以拿到一份英国展览指南，由New Exhibitions of Contemporary Art出版，包括伦敦、苏格兰、威尔士和北爱尔兰的最新展览介绍。

1993年，早逝的约书亚·康普斯顿（Joshua Compston）在哈克斯广场（Hoxton Square）开设了兼具艺廊与工作室双重角色的Factual Nonsense，曾经聚集达明安·赫斯特、翠西·艾敏等艺术家，是Hoxton Square发迹的滥觞。在这短短的几年间，Hoxton Square因为蓬勃的增长而逼走了清贫的艺术初生者，新生于此的咖啡馆或酒吧，如Hoxton Square Bar and Kitchen、Electricity Showrooms、KK Outlet，与生俱来地选择了混搭。替代空间（Alternative Space）的概念，在Hoxton Square废工舍内全面的开展，倒是让艺术家们在无法承担租金的同时，得以转身混入商业空间。不过Hoxton Square区域内，画廊依然星罗密布，包括利维英敦艺术馆（Rivington Place），这座耗资800万镑的公共建筑是英国第一个专门用于视觉艺术表演的空间。

SAATCHI GALLERY
萨奇画廊。一个传说

现在的萨奇画廊是（Saatchi Gallery）2008年开馆的新画廊，所有的临时展览和策划展览都免费入场。广告业大亨出身的萨奇1970年代就涉足当代艺术收藏，至今仍保持着“漫步在伦敦那些最令人厌恶的丑陋街区，参观那些在空荡的商店或后院里举办的展览”，最爱去位于偏远区域的寒酸的小画廊，期待着发现那些艺术界未来的超级明星。他的身后还有一个高度互动的庞大的画廊和经纪人网络，为他搜罗需要的作品，其中就包括了达明安・赫斯特的经纪人乔普林（Jay Jopling）。

达明安・赫斯特和萨奇之间的故事，可以当传奇来听。

地址：
Duke of York's HQ,
King's Road, SW3 4RY

开放时间：
周一至周日 10:00-18:00，
最晚进场时间为 17:30

交通：
地铁站 Sloane Square下，
步行 4分钟

1988年，萨奇参观了赫斯特担任召集人的展览“冰冻”（Freeze）。1990年，赫斯特的朋友协助他在伦敦柏孟赛（Bermondsey）地区的废弃工厂举办了两个重要的展览：当代医学和赌徒。萨奇参观了第二场展览，对赫斯特的一个动物展览品“惊讶到呆立原地、瞠目结舌”——那件作品就是赫斯特的《一千年》，一个巨大的玻璃箱中摆了一颗腐败的牛头以及无数的苍蝇和蛆虫。萨奇最终买下了这件作品。

1991年，萨奇提供经费，让赫斯特做任何他想做的创作，而成果则于1992年在伦敦北部萨奇画廊的“新一代英国艺术家”展览中展出。赫斯特的作品是*The Physical Impossibility of Death in the Mind of Someone Living*——一只保存在充满甲醛的玻璃柜中的鲨鱼。这件作品一共花了5万英镑，鲨鱼自澳大利亚捕获，花费6000英镑。这件作品令赫斯特一举成名，也被看作是YBA运动的代表作，赫斯特就此开始了自己的“萨奇时代 ”。2005年，这件作品卖到了600万到700万英镑。1992年，赫斯特的点漆作品*Adrenochrome Semicarbazone Sulfonate*在佳士得拍卖行以3.22万英镑的价格拍出，这也成为赫斯特在拍卖行风生水起的关键点。

2000年，赫斯特的雕刻《赞美诗》在萨奇画廊的展览“蚁语”（Ant Noises）中展出，萨奇以100万英镑买下这

件作品。赫斯特随后控告自己侵犯了这件雕刻作品的著作权——他史无前例地将这件作品复制了三份，并全部售出。

2003年4月，萨奇艺廊在伦敦郡议会举办展览，其中包括赫斯特的回顾展。这次的展览使赫斯特和萨奇之间的紧张关系进一步恶化，赫斯特甚至不把这次展览纪录在他的个人履历之中。起因是一辆被涂上赫斯特商标图样的车被煞有介事地展出，但赫斯特认为那只是即兴之作。他指责萨奇"幼稚"，"我可不是萨奇的猴子。他只凭金钱的价值来评断艺术。他以为他可以靠金钱的力量来影响艺术，而且他一直执迷不悟"。2003年9月，赫斯特从萨奇手中买回自己的12件作品，是萨奇所藏赫斯特作品数量的三分之一，总金额据称高达800万英镑。

2004年，赫斯特和萨奇画廊终止了合作。5月份的一场大火烧毁了17件萨奇画廊收藏的赫斯特作品，除了放在院子的雕塑《慈善》。7月，赫斯特向媒体表示："我尊重萨奇，我们没有争执，见了面我们会说话，但我们从来不是一起喝酒的兄弟。"

萨奇一直是当代艺术圈风口浪尖上的人物，他的高额利润自然引起很多争议，有人指责萨奇短暂多变的品味搅乱了整个艺术市场原有的秩序，也有人指责萨奇"一枝独秀"的收藏方式，常常捧红了一个，无视了一片，伤害了一群。而萨奇则认为，只有经常出手，才有可能有更多的资金，让更多年轻的艺术家实现价值。

TIPS

萨奇在线（http://www.saatchionline.com/)为艺术家提供了一个免费的全球平台，以便把他们的作品展示给国际观众而且还可以节省通常画廊抽取的 50%佣金把艺术品出售给收藏者。购买者可以通过萨奇在线的个人资料页面看到艺术家的作品，并且与之联系。分类搜索功能将艺术品的价格分为100美元以下、100-500美元、501-1000美元、1001-2500美元、2501-5000美元、5000美元以上6档，可供选择的年轻艺术家和艺术院校学生作品的余地非常大。

EAST LONDON
伦敦东区。发迹

伦敦东区，在狄更斯的年代是脏乱差的代表。后来，因为邻近市区、低廉租金与空间充足的旧厂房的特点，吸引了大批年轻艺术家驻足。1988年，达明安·赫斯特在如今Surrey Quays的废旧仓库内策划了展览“冰冻”，他精力旺盛地拉赞助、印刷精美画册，召集了自己在金史密斯学院的同学们一起展示作品，不停开关的灯泡、被掩埋仅靠一根管子呼吸的行为艺术等，而赫斯特则在墙上创作了第一幅点画。这个传奇的展览标志着位于伦敦东部的港口住宅区，在废弃的工业建筑里那些仓库大小的空间内，艺术家们自己策划的一系列展览的开始。

如今的伦敦东区，治安依然不好，但是林立的画廊和涂鸦使之被称为“最有艺术气息的地方”。涂鸦聚集的位置大概是在 Shoreditch High Street 的东边，顺着砖巷街（Brick Lane）往南走。重新装修并且扩大了规模的白教堂画廊（Whitechapel Gallery）成立于1901年，历史气息浓郁；巴比肯画廊（Barbican Art Gallery）集合了国际上最好的建筑艺术设计作品和摄影作品；Maureen Paley是一家著名的私人画廊；Vyner Street则集结了Fred、Nettle Horn、Wilkinson等有意思的画廊。

地址：
以 Aldgate East、Barbican、Bethnal Green、Old Street等地铁站为中心的区域

PREEM
RESTAURANT & BALTI HOUS
A 10 NORTH
WEAK BRIDGE
7.5 TONNE WEIGHT LIMIT
FOLLOW DIVERSION
ELEC
Red lion
OPEN
7 days
behave
SPIDER DON
PITT
BROOKS
FORSTER
WORLDWAR Z
BY DON
Coca-Cola

THE SOTHEBY'S
苏富比。游戏规则

2008年，达明安·赫斯特跳过画廊，直接和苏富比合作举行了个人作品拍卖专场“Beautiful Inside My Head Forever”，这次拍卖一共卖出了超过两百件作品，实现了2亿美元的成交额。这是一场打破规则的拍卖，艺术家不经过画廊，直接把作品拿到拍卖市场进行公开拍卖。这无疑在挑战艺术市场本身的游戏规则。所以，这场拍卖当时就引起了很大争议。

地址：
34-35 New Bond Street，W1A 2AA UK

开放时间：
周一至周日 10:00-18:00

交通：
地铁站 Bond Street下，步行 20分钟

当苏富比有拍卖前，通常会在新邦德街（New Bond Street）做预展，在蒙克的画作拍卖前，几千人在门口排起长队，就为了一睹真容。

SERPENTINE GALLERY
蛇形画廊。纪念戴安娜

©2007 John Offenbach

从兰卡斯特门地铁站（Lancaster Gate）出来，对面就是海德公园的边门，进入后一路沿着兰卡斯特小路（Lancaster Walk）直走，走过*Physical Energy Statue*雕像，到了前一条岔路口左拐，砖色外墙的蛇形画廊（Serpentine Gallery）就在左手边。

画廊原址为1934年古典风格的茶室，得名于附近横贯海德公园的蛇形湖。蛇形画廊于1970年成立，戴安娜王妃曾是它的名誉赞助人，画廊馆长曾担任戴安娜王妃的私人艺术顾问。现在画廊入口由诗人和艺术家伊恩·汉密尔顿·芬利（Ian Hamilton Finlay）创作的永久艺术品正是为向戴妃致意而作，包括8张长椅、一块挂在树上的纪念牌和一圈石头。1994年，达明安·赫斯特曾在伦敦蛇形画廊，策划了展览“Some went mad，Some run away”。

TIPS

2012年伦敦奥运期间，蛇形画廊在原址的北面新开设了 Serpentine Sackler Gallery。新画廊原址名为 The Magazine，是一幢有着 206年历史的建筑，曾被用作抵御入侵时的军火库，但是有近 50年未被使用，改建完成后这座建筑首次被用作公共文化用途。新画廊有900平方米的展览空间，设计工作由英国著名建筑师扎哈·哈迪德主持，将在其原建筑的北边添加一个新翼，西边则用轻的拉伸膜覆盖，增加建筑的现代观感。

蛇形画廊最惹眼的一个项目是每年夏天的临时展馆计划，也叫“夏亭”，开始于 2000年，邀请一位在英国境内没有作品的杰出建筑师或者设计团队来为其设计临时展馆。

MORE 周边还有……

GLOUCESTERSHIRE
格罗斯特郡杜德桥住宅区

达明安·赫斯特正致力于在伦敦西南部113英里处的格洛斯特郡拓展新的展览空间。为了继续制造暴利艺术品，赫斯特打造了一座近97000平方英尺的工厂，面积相当于34个网球场，其中包含独立的甲醛工作室以及动物屠宰室。馆内还有一座为赫斯特的狂热粉丝准备的画廊。

鲨鱼、绵羊和牛等动物被屠宰，通过卡车被运送到安保级别非常高的车间，时刻有保安巡逻，7英尺高的铁栅栏上清晰地标识着“禁止入内”。所有动物死尸都通过铲车被运送到白砖砌成的甲醛工作室中，该工作室位于130英尺高的主体建筑物中。起初，工作室计划由身着保护服的工作人员将动物尸体挂在钩子上进行操作。由于当地居民强烈反对，该计划改为将尸体浸泡在6个盛满液体甲醛的浴缸里。从甲醛工作室出来之后，动物尸体会被送到加工车间，制造成“艺术品”，等待着运送到世界各地参加展览或被卖掉。

GOLDSMITHS COLLEGE
金史密斯学院

YBA运动的核心人物大都毕业自金史密斯学院，达明安·赫斯特在校时的老师迈克·克莱克·马丁（Michael Craig-Martin）回忆："当我在'冰冻'布展期间来到它的展出场馆时，我就完全意识到了达明安·赫斯特艺术项目的质量与抱负。'冰冻'展览在1988年的夏天分三个部分进行，而当时的赫斯特刚完成其三年本科课程中两年的学习。他一手包办了这场展览中寻找展出场地、有组织地清洗现场和准备展览、挑选参展艺术家、布置作品、列出邀请名单等一系列的工作。"

尽管参加"冰冻"展览的艺术家都特别年轻，但让人感到意外的是展览一点都不像一次学生作品展。展出作品远比人们想象中的自信和精致。每位艺术家都高度地独立化，展出了一系列熟练、有造诣的作品。展览推出了一本带有铜皮封面的插画式作品目录，上面还有金史密斯学院艺术史学系系主任写的一段文字。赫斯特对公共关系似乎也有某种本能——例如为重要的宾客派去出租车。

Lancaster Gate
Bayswater Road
New Bond St.
苏富比
Park Lane
白立方
Green Park
蛇形画廊
Kensington Road
Sloane St.
Vauxhall Bridge
Belgrave Road
Sloane Square
King's Road
萨奇画廊
Pimlico Road

哈克斯广场
Old Street
Shoreditch high st.
City Road
Brick Lane
Cannon St.
Blackfriars Bridge
泰特现代
South Wark St.
South Wark
Towerbridge
白立方

DON'T MISS 不可错过……

ROYAL ACADEMY OF ARTS
皇家艺术学院

地址：
Burlington House，Piccadilly，London W1J 0BD

开放时间：
周六至周四 10:00-18:00 周五延长至 22：00（最晚进场时间分别为 17:30和 21:30）

交通：
地铁站 Green Park下，步行 6分钟

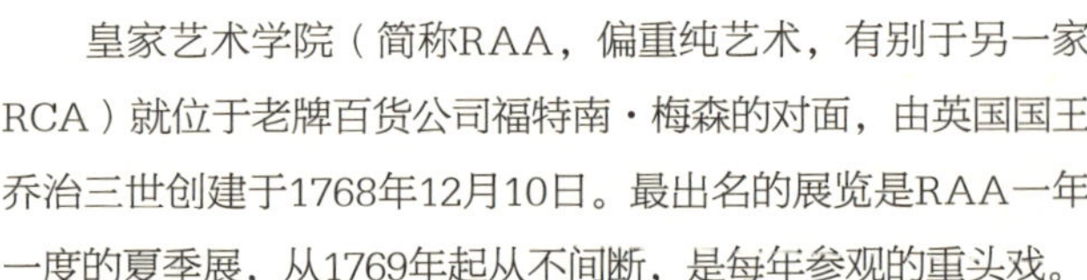

皇家艺术学院（简称RAA，偏重纯艺术，有别于另一家RCA）就位于老牌百货公司福特南·梅森的对面，由英国国王乔治三世创建于1768年12月10日。最出名的展览是RAA一年一度的夏季展，从1769年起从不间断，是每年参观的重头戏。

1868年，即建校一百周年时，皇家艺术学院才从现在国家画廊的东侧搬至伯灵顿宫（Burlington House）。

TIPS

半圆形多立克柱廊，繁复的弧形天花表现出鲜明的帕拉第奥风格，进入皇家艺术学院后，大厅的狭小出人意料。2004年开放的 John Madejski Fine Rooms是参观的重点，只有在导览时间才开放。1小时的参观时间内会介绍皇家艺术学院 250年收藏中精选作品。导览集合点是问讯处，时间分别为周二13:00、周三至周五 13:00和 15:00、周六 11:30。

至于 Behind-the-Scenes Tours，即背后的故事导览，则可以近距离参观名作、在建筑内部找寻被隐藏的角落，还能在收藏室中欣赏到维多利亚女王的书写盒、参观并不对外开放的图书馆。

THE WALLACE COLLECTION
华莱士收藏馆

华莱士收藏馆（The Wallace Collection）是伦敦的一大惊喜。赶上免费讲解，从The Front State Room进入，导览员介绍了这座收藏馆的前身是四代赫特福德（Hertford）侯爵的府邸，而主要藏品来自第四代赫特福德侯爵及他常年的秘书、私生子理查德·华莱士（Richard Wallace）。因为第四代赫特福德侯爵出手阔绰，每次都能赢得拍卖。又因为他生于法国，所以收藏馆中大多是18世纪法国绘画、瓷器、绘画和家具，理查德·华莱士则补充了欧式盔甲和文艺复兴时期的艺术品。全馆的装修风格是富丽炫目的18世纪法国宫廷风格，被戏称为“伦敦的凡尔赛宫”。

地址：
Hertford House，
Manchester Square，
W1U 3BN

开放时间：
周一至周四 10:00-17:00
12月24日至26日除外

交通：
地铁站 Bond Street下，
步行 10分钟

DON'T MISS 不可错过……

BRITISH MUSEUM
大英博物馆

地址：
Great Russell Street,
WC1B 3DG

开放时间：
周一至周日 10:00 17:30，
周五开放至 20:30，1月 1日、
12月 24日至 26日除外

交通：
地铁站 Tottenham Court
Road或是 Holbon下，
步行 3分钟，
或 Russell Square站下，
步行 5分钟

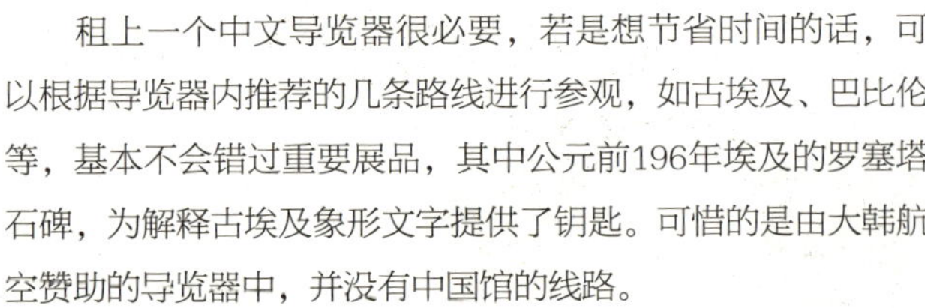

租上一个中文导览器很必要，若是想节省时间的话，可以根据导览器内推荐的几条路线进行参观，如古埃及、巴比伦等，基本不会错过重要展品，其中公元前196年埃及的罗塞塔石碑，为解释古埃及象形文字提供了钥匙。可惜的是由大韩航空赞助的导览器中，并没有中国馆的线路。

博物馆中，各个重要展品的柜子上方都会贴有“此处有导览”的标识，按照标号可以详细听导览器中的故事。这很必要，不然即使在馆内转悠上一天，也不会有什么收获。而且，大英博物馆实在太过巨大，若想将每一件导览器中的文物故事听上一遍，就差不多需要5个小时。

TIPS

大英博物馆最初的收藏是由汉斯·斯隆（Hans Sloane）爵士汇集的，他去世时将79575件收藏品捐献给国家，这在 2003年开馆的启蒙时期展览馆中可以看见。这座展览馆中，原样复制了乔治三世的图书馆。柜台上设置了可以触摸的展品，可以在专业人员的帮助下亲手触碰文物。另一位对馆藏贡献极大的人物是威廉·汉密尔顿（William Hamilton）爵士，他在航海旅行中收集了满满两船希腊瓷器，但只有一艘船抵达了目的地，其中就有技艺高超的波特兰花瓶。

THE VICTORIA AND ALBERT MUSEUM
维多利亚和阿尔伯特博物馆（V&A）

该博物馆的定位是世界上最重要的艺术设计史博物馆，时常见到它出现在时尚界人士的微博推荐中，家具、布料、时尚这些部分的收藏都很强大，也是别的馆中不常见的展品。位于商店旁边显著位置的中国馆，除了在大英博物馆也能见到的玉器、瓷器等，这里难得的是不断补充中国当代设计作品，包括民国时最杰出的广告画革新者郑曼陀的广告招贴、2005年先锋派家具设计师邵帆的《王椅》、广煜设计的《黑龙江盒》、王序的平面设计作品《意匠文字》等。博物馆的二楼以艺术品类型划分藏品，无论银器还是瓷器，样样都很美，可以静静地坐在展柜对面的椅子上，发呆欣赏。

地址：
Hertford House，
Manchester Square，
W1U 3BN

开放时间：
周一至周四 10:00-17:00
12月24日至26日除外

交通：
地铁站 Bond Street下，
步行 10分钟

TIPS

THE VICTORIA AND ALBERT MUSEUM

博物馆自己甄选出的 10件不可错过的藏品：

1. 阿尔达比勒地毯 这块阿尔达比勒地毯乃是世界上最早有日期记载的地毯。设计师威廉·莫里斯素来钦慕伊斯兰的设计艺术，他认识到这块地毯乃是空前绝后的艺术珍品。于是维多利亚与艾尔伯特博物馆（V& A）听从他的建议，在 1893年出价 2500英镑买下了这块地毯。

2. 捕鱼的神迹 由拉斐尔设计，悬挂在罗马梵蒂冈西斯廷教堂的挂毯的手绘设计图（即拉斐尔漫画）。这些挂毯是在米开朗基罗著名的西斯廷天顶画完成后的第三年，即 1515年，受教皇利奥十世委托制作的。

3. 伊甸之运 在维多利亚与艾尔伯特博物馆的藏品中，有许多一度都被认为有着神奇的魔力。几个世纪以来水晶杯"伊甸之运"都是生活在北英格兰伊甸庄园的马斯格雷夫家族的护身符——福尔摩斯的故事里提到过这个著名的家族。家族的传统说法是，它是精灵们的遗留之物。当精灵们在井边的盛宴被惊扰时，他们仓促退散，放弃了这只玻璃杯并尖叫道："杯子破碎之时，就是伊甸之运离别之时。"

4. 猎野猪和猎熊挂毯 这块挂毯在1425年至 1430年间在尼德兰制作完成，它是一组被称为"德文郡狩猎挂毯"的巨幅挂毯系列中的一块。它们原本属于德文郡的公爵们，并被悬挂在他们在英格兰北部富丽堂皇的乡间别墅——哈德威克庄园——之中。

5. 沙·贾汗之杯 维多利亚与艾尔伯特博物馆有着世界上最好的印度艺术收藏品。这件白玉酒杯是泰姬陵的创造者、莫卧儿王朝皇帝沙·贾汗的个人财产。

6. 伯利船形盆 所谓船形盆，是指在用餐时，它会被放置在主人或尊贵客人的前面作为一种等级和身份的象征。请注意那些最细小的细节，例如正在甲板上作业的小水兵和在主桅杆上下棋的一对夫妇，细微如斯地步却仍然被成功展示出来。船体是用一个罕见的鹦鹉螺壳制作而成的，停靠在一条美人鱼身上。

7.项链 钻石祖母绿项链，可能是由尼托父子公司制作，是拿破仑祝贺他的继女嫁给一位德国王子时的礼物。

8. 腓特烈大帝的鼻烟壶 与腓特烈大帝有关的五个盒子都陈列在维多利亚与艾尔伯特博物馆里，这个用着色玉石和大量钻石装饰的盒子，很可能是其中最耀眼的一个。它可以用来装鼻烟——那个时代男士们用来吸食的芳香烟草粉末。

9. 美第奇瓷瓶 该瓶于 1580年左右在意大利制造，代表了西方最早对中国瓷器进行的仿制尝试之一。

10. 喂饱5000人（五饼二鱼） 这个彩色玻璃可能是在公元 1223年左右为法国北部特鲁瓦里的一座教堂所制作完成的。它展示的是基督所行的诸多神迹之一。圣经中，耶稣把五饼二鱼变成足够五千个来听他讲道的人吃饱的粮食。

DON'T MISS 不可错过……

HAYWARD GALLERY
海沃美术馆

©Morley von Sternberg

海沃美术馆（Hayward Gallery）是泰晤士河南岸艺术中心的一部分，南岸艺术中心的历史可以追溯到1950年代在伦敦举行的英国艺术节，当时的英国工党首相赫伯特·莫里森对于战后英国在工业、科学、技术、艺术领域的全面复兴野心勃勃。为促进人们对于艺术的兴趣，政府特别在泰晤士河南岸划出了一块21 英亩的土地，用于文化艺术事业。自由的氛围是南岸艺术中心最吸引人的地方，每年在此举行的免费艺术活动有数百场之多。位于皇家节日音乐厅、伊丽莎白女王音乐厅和珀塞尔音乐厅之间的海沃美术馆主要展示现代艺术作品，曾被誉为“伦敦最完整的美术馆”。Saison诗歌图书馆收藏了1914年以来的现代英国诗歌精选，多媒体的展览形式让那些经典的诗句更能打动人心。

地址：
Southbank Centre, Belvedere Road, SE1 8XX

开放时间：
每天 10:00-18:00
周四周五延长至 20:00

交通：
地铁 Waterloo站或 Embankment 站下步行 10分钟

LITERATURE-ART-SHOPPING

IN-LONDON

SHOPPING

“淘”物记

文 / 邢燕坤

如果我有一周的时间待在伦敦，我会逛遍这里的大街小巷。从大牌林立的新邦德奢华购物街，逛到只有周末营业的跳蚤市场；从人潮涌动的名牌商业街逛到偏僻小巷里的特色商铺；从萨维尔街的高级定制再到五花八门的设计师店铺！伦敦，是一个让你爱上购物的城市！

有人说，女人爱购物是出于本能，但对于我来说，在伦敦这个时尚之都里“淘”物才是正经事！初来乍到的游客，看到的英镑价格后面都要再加个“零”就不免觉得有些吃不消了。怎样才能在伦敦淘得便宜、淘得过瘾？首先，选对来英国的时机最为关键。

英国每年两次最大规模的打折季分别在夏季和冬季。夏季的打折时间始于6月中旬，直到7月末结束。各路高街品牌如Gap、Banana Republic、H&M、COS等都是打响夏季打折战的先驱，一周以后其他潮牌和百货公司才陆续跟上，要想在夏季打折也抢购到大牌商品，就要提前关注百货公司官方网站的打折预告。如果把夏天比作打折战的前奏，那么年末到来之时，才是伦敦每年最重头的打折季。

邢燕坤 Queenie

自由撰稿人，旅居英国4年，热爱英伦文化，著有《早安！伦敦市集》一书。2009年毕业于伦敦艺术大学传媒学院(London College of Communication)，为平面设计专业硕士。曾任英国Winkreative品牌顾问公司平面设计师，伦敦康登马厩集市创意复古店铺店主。

12月25日是圣诞节，这一整天街上都不见公交车和地铁的身影，街上冷冷清清，家家户户闭门不出，像是在为第二天的打折大战积攒“拼抢”的体力。等到26号（也称“Boxing Day”）这一天，往往天不亮，购物爱好者们便会倾巢而出，涌向各大品牌专卖店和百货商场排队等待商店开门迎客的那一瞬间！

除了夏、冬两季的大规模折扣季，每年春、秋两季较小规模的季中折（Mid-Season Sale）也为伦敦人津津乐道。虽然比不上大规模的打折战，持续的时间也通常只有两到三周，但比起没有折扣的日子，这个时候买些季节过渡的服饰小物也是不错的选择。而季中折参与的品牌也通常涵盖了Topshop、River Island、Hobbs、Ted Baker等大部分的英国潮牌。

除了选择在打折季之时来伦敦淘货，一些颇具风情的特色市集也是出手率极高的淘宝胜地。如果你厌倦了去百货公司买那些千篇一律的大牌，或者你只想在伦敦购买一款独一无二的Vintage手包，那么各路小店和市集则是最佳选择！

伦敦独特的市集文化世界知名，市集的种类多种多样，几乎可以满足所有人的需求。除了游客们耳熟能详的东西南北四大市集：东面的潮流服饰、手工艺品大市集——史毕特尔非德市集（Spitalfields Market）；西面的波特贝罗路古董市集（Portobello Market）；南面的格林尼治（Greenwich Market）创意手工艺品大市集；北面的另类服饰、复古衣着、手工艺品及综合世界各地美味小吃的市集街区——康登市集（Camden Market）。

其中也不乏一些有着百年历史并且人气兴旺的特色主题市集，例如哥伦比亚花市（Columbia Road Flower Market），每个周日，爱花的人们都在此处买卖花卉，讨论养花心得；自治区市集（Borough Market）最为出名的是来自世界各地的新鲜食材和世界美食！这些特色鲜明的小型主题市集，也是城市里必不可少的亮点！

除了这些，当地人经常光顾的农贸市集和生活杂货市集，以及专门交易二手货的跳蚤市场同样是城市里的活跃分子。

逛市集是了解一个城市的细微之处、近距离体会当地文化的最好方式。在市集的摊位上买东西，感觉既轻松又惬意。在逛摊位的同时，时常无意中“偷听”摊贩之间互相唠着些八卦琐事，充满了十足的生活气息！这里的市集大多保留了最传统的露天市集的形态，通常在老建筑的庭院或者居民区内举办。

居民区里的市集，营业的黄金时间也大多从清早开始，晌午一过就纷纷收摊。这种传统的购物形式，在伦敦依然十分流行，也大大维持了市集所在区域的某种历史特色，市集与老建筑之间仿佛有种相辅相成的默契关系，让喜欢怀旧的人们有地方找回昔日的回忆。

在伦敦个性小铺扎堆的索霍区和Shoreditch区逛逛，相信也不会让你空手而归。一家家个性十足的小店，都是展示设计师才华的小小舞台。不论是店内装饰还是货品陈列，甚至小到标签配饰都做足了心思。这里的人们爱他们的小店就像爱他们自己，细枝末节之处最能体会到店主人的良苦用心！

我喜欢走在伦敦僻静的小巷子里拿着地图寻找我要去的某一家店铺，或者我只是偶然逛街逛到了这里，又恰恰走进了一家我喜欢的铺子，这纯属是一种巧合，或者是一种缘分。大多数的时候，我会在这家店里买上一件我可以承受的价格的小物，等到有一天我再看到它就会想起这家店和店里的一切，以及在旅途中发生的种种趣事。

伦敦，现在又到了购物的最佳时节！特别是这个夏天（2012），在人们为庆祝英国女王伊丽莎白登基60周年的日子里，那些老牌的百货公司，比如哈罗德、福特南·梅森、LIBERTY等等都纷纷推出以“英国”和“英女王”为主题的丰富多样的纪念商品，拥有皇家授权的福特南·梅森早在今年年初便开始发行60周年特别纪念包装的茶叶、饼干、蜂蜜等等小食，大受欢迎！

如果你正在伦敦，不管是走在熙熙攘攘的邦德街上，还是游走在Shoreditch的某条小巷子的小店铺里，或是在伦敦的市集上目不暇接地寻找着自己的心头好……不管你是一掷千金还是囊中羞涩，伦敦的时尚大门永远都向每一位热爱购物的人们敞开！

祝你在伦敦淘得愉快！

IN LONDON > SHOPPING

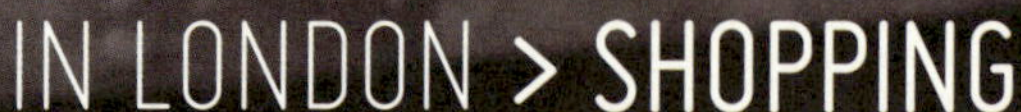

塞缪尔·约翰逊曾说："如果你厌倦了伦敦，你就厌倦了生活。"伦敦，这座古老而时尚的大都会，不仅为世人提供着源源不断的文化和艺术灵感，也是一个五光十色、充满惊喜的购物天堂

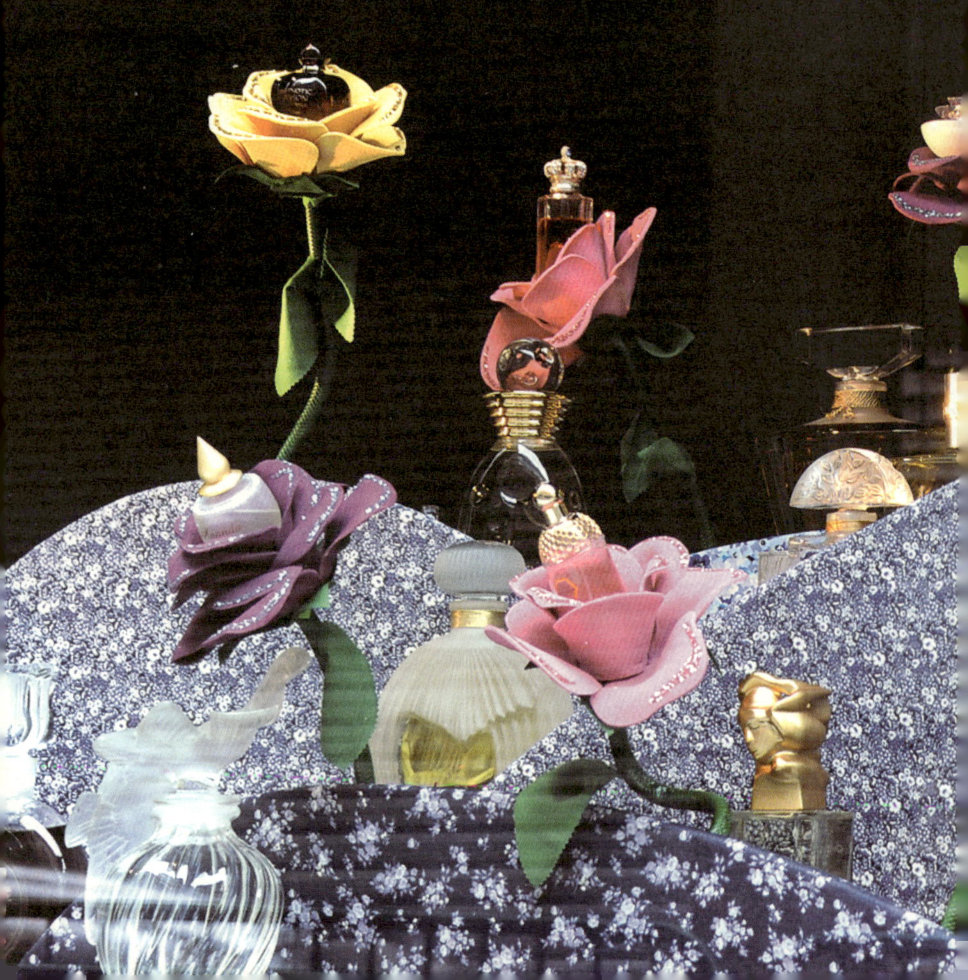

Guerlain
Paris
SHALIMAR

福特南·梅森的妙，
只有去过的人才会知道

CHAPTER 01

FORTNUM & MASON

福特南·梅森。女王曾经来过

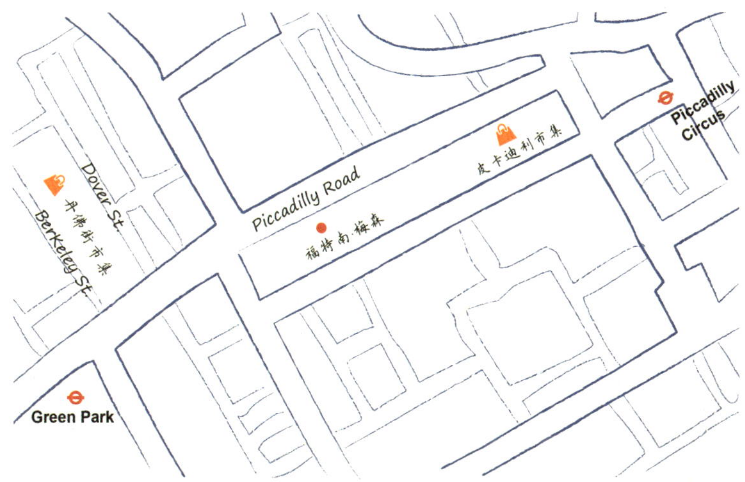

今天，当你推开福特南·梅森（以下简称F&M）古老的橡木大门时，你也许很难想象这座充满童话气质的古老建筑已经在皮卡迪利大街屹立了数百年。F&M的创立非常有意思，听说是1705年时，给安妮女王做侍应的威廉·福特南用售卖皇室每天用剩的蜡烛换来的钱，跟已经有一家小杂货铺的休格·梅森一起合办的。这家百货公司从乔治亚时期就开始服务于英国王室，拥有皇室授权书已超过150年。

如果你去到英国，却不知道带什么礼物给朋友，只要去F&M就一定不会空手而归。

地址：
181 Piccadilly，
W1A 1ER

交通：
地铁 Green Park站或 Piccadilly Circus站下，步行 5分钟

营业时间：
周一至周六：10：00 - 20:00
周日：11:30am - 18:00(店门在 1130打开，收银则从 12：00开始)，公众假日照常营业

网址：
www.fortnumandmason.com/

皇家御用百货

底楼的食品大厅是游客最常驻足的地方，当脚步踩在松软的红地毯上，眼睛早已被琳琅满目的茶叶、咖啡、果酱、蜂蜜等F&M自产的食物吸引。F&M摆放食品的货架颇具特色，宛如英式下午茶的塔盘般盘旋而上，最顶端则镶嵌着象征皇室授权的标识和女王神兽雕塑。

作为全英国久负盛名的茶百货公司，F&M提供的茶叶品种多种多样，最名声在外的包括伯爵茶（Earl Grey）、英式早餐茶（English Breakfast）、锡兰白毫茶（Ceylon Orange Pekoe）、阿萨姆茶（Assam Superb）、安妮女王茶（Queen Anne Tea）、皇家拼配茶（Royal Blends）、大吉岭茶（Darjeeling Broken Orange Classic）、正山小种

（Lapsong Souchong）、珠茶（Gunpowder Tea）和威尔士王子拼配茶（Prince of Wales），这10种茶叶各具特色，送人自留都行。

除了品种丰富多样，茶叶口味的分类也颇为讲究，有浓茶（Stronger）、淡茶（Lighter）、芳香茶（Aromatic），甚至还有各种水果口味的红茶以供选择。与中国名茶动辄成千上万的夸张价格相比，这里的茶叶售价相当合理，而且很多茶叶还同时提供铁盒、散装和袋泡茶多种包装。如果你想要学英国绅士的样子饮茶，还可以挪步一楼，那里有各色F&M自产的茶具可供挑选。

除了茶叶，自产的蜂蜜和果酱也是F&M的招牌商品

不过，你若是认为这里只售卖茶叶和食品，那么一定会错过大半的风景，因为每一个爱美的人，都不可能对楼上的

CARON

男女精品配饰和香水廊无动于衷。更吸引人的一点是，在这里服务的工作人员都是一口伦敦音、穿燕尾服、系F&M标志性粉绿色领带的英国绅士。

二楼的化妆品区当然不缺少sisley、娇兰这样的贵妇化妆品，但这绝对不是我要你关注的重点。环形的香水廊是童话开始的地方，一些以前只在诸如香水著述中才能看到的牌子，如Clive Christian，就低调地摆在玻璃柜台上方，任君体验。作为香水界的第一高级定制品牌，Clive Christian很值得送给那些追求别具一格生活的绅士们，花费170镑就可以带回一套3×10ml的旅行装，里面装有香水界最鼎鼎大名的三瓶男香——1872、X和No.1。当然，现在最应景的香水还要属F&M独家发售的Illuminum栀子花香水一周年纪念版。就在一年多之前，剑桥公爵夫人凯特在新婚之日就特别选择了这款香气馥郁、极尽甜蜜的香水。而在香水廊旁边，各种极尽奢华的洗浴产品也会让你忍不住想要去摸去嗅，手绘着英女王画像的手工皂、用F&M标志性的粉绿色盒子装着的玫瑰花浴芭，虽然价格都偏贵，但那如同艺术品般的存在绝对会让你心动。

除了香水廊，二楼的精品女士配饰也颇有特色：手袋区可以挑到最英伦的设计师Lulu Guinness、Vivienne Westwood和Paul Smith设计的作品，女帽区则陈列着各种形态各异、五颜六色的帽子，宽檐的、窄檐的、罩轻纱的、插羽毛的，有的只有巴掌大小，有的只能遮住半个脸，虽说大多数帽子在我们眼里都不算实用，但对英国人而言，帽子的意义非同寻常，不同的社交场合如婚礼、葬礼、生日聚会，甚至包括听演讲和看赛马比赛，都要戴帽子，而帽子

F&M的服务颇为周到(上图)
别致的玫瑰花浴芭(下图)

Leathersmith
of LONDON

的不同式样、不同戴法也寓示着她们不同的社会背景和人生阅历。

步行至三楼，左边三分之一的面积售卖精品文具和礼品，右边则是绅士馆。作为绅士文化的起源地，英国曾经无数次引领男性时尚生活的风潮，所以这个精品区无疑是为男士挑选个性礼物的最佳去处，各色礼帽、小型皮具、飞机模型和极尽考究的洗漱用品琳琅满目，一些似乎是在福尔摩斯电影中才能看到的烟斗、袖扣、古龙水就这样璀璨地摆在货架上……

钻禧茶室的风光

乘电梯直达四层，便置身于由英女王亲自剪彩的钻禧茶室（The Diamond Jubilee Tea Salon），它的前身是拥有皇室授权的圣詹姆斯餐厅（St James's Restaurant），这里与相隔百米之遥的丽兹饭店都是伦敦最奢华有名的下午茶宝地。

实地打探后发现，这个传说中英女王也钟情的白色茶室并没有半点庄严、隐秘的气氛，经典的乔治亚装修风格带来

明朗闲适的休闲气氛，穿着黑白制服的侍应生井然有序的穿梭在桌椅之间。

作为皇家御用的茶室，这里喝茶的门道和讲究颇多，每一种茶叶都有精确的水温要求和操作指南，每一壶茶在上桌时都带有计时器，以便在最佳品茶时间到来时提醒客人们及时享用。至于茶水单的种类也多得令人咋舌，从经典的大吉岭到台湾的冻顶古龙，共计有79种供挑选，经验丰富的侍应生还会根据客人喜爱的茶点推荐与之最相配的茶水。

坐在舒适的粉绿色靠椅上，听着现场的钢琴演奏，口中含着温润的茶水，聊聊天发发呆，时间仿佛是被定格了。当然要享受这样的好时光，银子也不能少花，点上一整套经典的下午茶套餐（Fortnum's Classic Afternoon Tea）至少要花上38镑，还不包括12.5%的服务费。

TIPS

传统的英式下午茶点塔盘各层摆放的甜点都有固定品种，第一层是颜色艳丽、或酸或甜的小蛋糕，中间一层则是味道恬淡的传统英式点心司康饼（Scone），最下一层摆放火腿、芝士、鸡肉或者鱼肉口味的手指三明治。茶点的食用顺序很有讲究，一定要遵从由下而上，从咸到甜的法则。先尝尝带点咸味的三明治，让味蕾慢慢品出食物的真味，再啜饮几口芬芳四溢的红茶。接下来品尝涂抹上果酱或奶油的司康，让些许的甜味在口腔中慢慢散发，最后才吃各色甜蜜浓郁的小蛋糕。

LINKS

伦敦川宁茶店

除了F&M，有着超过300年历史的伦敦川宁茶店也是英国老牌的茶叶名店。川宁源于1706年，深受维多利亚女王、乔治五世、爱德华七世以及亚历山大皇太后等王室贵族的欣赏与青睐。

在伦敦川宁茶总店，有各种茶叶和相关产品，买回去做手信既有英国特色又不占行李重量。店里还有一座小型博物馆介绍川宁家族的历史和茶叶的知识。

地址：216 The Strand, WC2R 1AP
营业时间：周一至周五 9：30-16：30
网址：www.twinings.co.uk/

粉绿色的小屋

除了去购物和喝下午茶，就算单纯的window shopping也不会让人失望，整间F&M采用了一种很特别的粉绿色，非常的有气质和识别度。从看见这家店开始，你就会一而再，再而三地撞见这个颜色，大到窗棂门框，小到一盏茶杯一个笔记本，粉绿色被贯彻得非常彻底，这也令我不由地想到英国女王伊丽莎白二世2012年3月份前来剪彩时就特地穿了这样一套粉绿色的套装，非常的贴心。

除了让人一眼难忘的主题色，F&M的橱窗也非常的有特色，不仅如古典油画般写意，还充满着天真的童趣。我去的那一天，就被其中一个橱窗内童话般的装置深深吸引——戴着礼帽的蜜蜂围绕在一座粉绿色宫殿旁，立体的蜂巢和宫殿内盛放着F&M久负盛名的自产蜂蜜……

当然，这样的橱窗还不算最美的，每年的圣诞节才是真正上演大戏的时刻，在去年被F&M的创意总监Paul Symes形容为“演出时间”的圣诞节橱窗里，巨大的天鹅绒帷幕拉起，头戴羽毛、身穿闪烁戏服的女舞者在“化妆间”为人们展现出活色生香的后台时光。手摇电话、旧式霓虹灯、老戏院座位牌……时间瞬间被拉回到上世纪30年代的广场戏院（Plaza Theatre）。

眼下，为了庆祝伊丽莎白女王登基60周年的钻禧庆典，F&M从里到外都已经装饰一新，古老的砖红色外墙面屹立着10只色彩鲜艳、栩栩如生的“女王神兽”雕塑——英格兰狮、苏格兰麒麟、威尔士龙、汉诺威白马……它们用各种管弦乐器吹奏出欢快的音符，仿佛是要把英皇室的喜庆传播给所有的过往路人。

TIPS

- 除了伦敦，在日本也有两家F&M，而英国的希斯罗机场也出售部分F&M自产的茶叶、果酱和蜂蜜，价格还更优惠。

- 虽然F&M有5个餐厅可以享用下午茶，但The Diamond Jubilee Tea Salon无疑是最受欢迎的。要想获得最佳的服务，记得一定要事先预约并穿正装前往。

MORE 周边还有……

DOVER STREET MARKET
丹佛街市集

由日本时尚教母川久保玲创立的丹佛街市集，名为市集，却安静地隐身于丹佛街一幢高6层的乔治亚式的古旧建筑物里，要不是门口另类的橱窗展示，真的很难相信这里就是伦敦近几年最重要的潮流宝地之一。

丹佛街市集除了贩售时下一线的流行品牌，如自家的 COMME des GARÇONS 系列、Alexander McQueen、Alber Elbaz for Lanvin、UNDERCOVER、Rick Owens、Alexander Wang……也不定期贩售一些时尚并具实验性的设计师的产品。6层的空间里有超过70个严选品牌，是一个新的概念型零售店。这里有时候还会化身为艺术展览空间，配合卖场上的时尚商品，很像一间艺术馆，不同的品牌有一个独立的展示区块，每一个都像是艺术展区。

总体来说，这里有点类似于国内的I.T.，可以一次性逛到很多最时髦的一

推荐指数：★★★★

地址：

17-18 Dover Street, W1S 4LT

营业时间：

周一至周三：11:00-18:30

周四至周六：11:00-19:00

周日：12:00-17:00

网址：

www.doverstreetmarket.com

线品牌，但柜台的设置更具艺术性、购物气氛也更自由，逛累了的话还可以在4楼的Rose Bakery吃顿清淡的午餐。

此外，这里也是在伦敦碰到极度追求个性化穿着的日本人几率最高的地方，常常会有东瀛大明星造访！

PICCADILLY MARKET
皮卡迪利市集

与诺丁山和康登这样的市集大户比，设立在圣詹姆斯教堂里的皮卡迪利市集就像个可爱的拇指姑娘，虽小巧但也五脏俱全。在教堂前不大的空地上，整齐地分布着三十几个摊位，周一为食品市集、周二为古董市集，周三到周六则是手工艺品市集。在这里可以看到欧式的复古瓷器、非洲的手工艺品和阿拉伯地区的手绘彩盘，还能淘到一些古早饰品和二手衣物。

推荐指数：★★★
地址：
197 Piccadilly, W1J 9LL
营业时间：
食品市集：周一 11：00-17：00
古董市集：周二 10：00-18：00
手工艺品市集：周三至周六
10：00-18：00
网址：
www.piccadilly-market.co.uk/

除了原创性极高的手工艺品，这里的招牌商品还包括“快乐”

CHAPTER 02
GREENWICH MARKET
格林尼治。本初子午线在别处

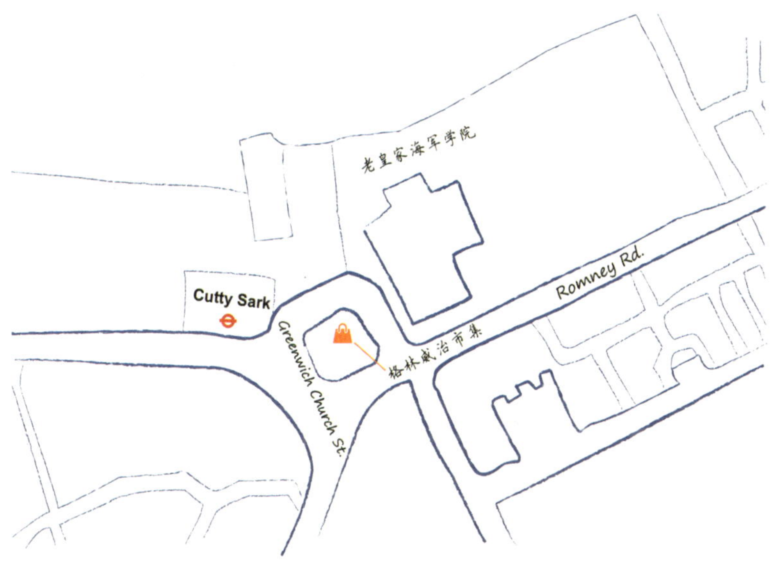

距离伦敦市中心8公里的格林尼治风景区，曾是海上通过泰晤士河进入伦敦的必经要塞，见证了“日不落帝国”百年的航运辉煌，也是著名的“本初子午线”经过的地方。准备一天时间，去天然氧吧格林尼治公园散散步，在老皇家天文台的本初子午线拍照留念，参观一下老皇家海军学院和“千禧巨蛋”，再到热闹的格林尼治市集淘宝，你一定会觉得不虚此行。

地址：
College Approach，
SE10 9HZ

交通
地铁：城市轻轨 DLR直达
火车：Charing Cross火车站每 7分钟有一班火车 / London Bridge火车站每 8分钟有一班火车去往格林尼治
游船：可在威斯敏斯特码头搭乘泰晤士河上的游览观光游船往返

营业时间：
周二至周日 & 公众假日
10：00~17：30（有不少小店和酒吧整个礼拜都营业）

网址：
http://www.shopgreenwich.co.uk

老皇家海军学院的巧遇

虽然不通地铁，但乘火车、轻轨、轮渡和公交皆可到达格林尼治，如果你是个匆匆游客，最好的方法莫过于从威斯敏斯特码头乘观光船沿泰晤士河顺流而下，一路上会看到塔桥、伦敦眼、泰特美术馆等众多的名胜古迹，隔着玻璃窗看看景拍拍照，再听船长讲述一路景点的历史掌故，不知不觉就到达了目的地。

我们去的那天，去程选择了由地铁转轻轨，从轻轨Cutty Sark for Maritime Greenwich站出站后，先步行至格林尼治公园，在本初子午线拍了照，就去著名的老皇家海军学院参观。想不到进到海军学院之后，看到远远有一座巨型石象，四周还有很多穿着18世纪戏服的青年男女，大批的安保人

员来来往往维持秩序……我们马上意识到这里正在拍电影，回国后看新闻才知道当天拍摄的竟是新版歌舞大片《悲惨世界》（安妮·海瑟薇、休·杰克曼和罗素·克劳主演），好一场巧遇！

生机勃勃的市集

除了是重要的旅游胜地，格林尼治也是许多伦敦人消磨周末时光的热门去处，在这里分散着三个市集，分别是周末市集（Weekend Market）、乡村市集（Village Market）和格林尼治市集（Greenwich Market），其中规模最大也最受欢迎的是格林尼治市集，只要穿过老皇家海军学院的后门就能找到它，非常的方便。

格林尼治市集是一个有着高高玻璃顶棚的室内市集，整个市集分成中心空地的百余家摊位和周围一圈特色小店。论大小，它也就是国内普通农贸市场的规模，但这里的空气中洋溢的勃勃生机就和挂在市集上的“I ♥ Greenwich Market”宣传Icon一样简单、明快。

不似波多贝罗市集的人流涌动，也不似老史毕特尔非德市集那般商业化，走进这个以创意手工艺品出名的市集后，你很快就会感觉到这里的不一样——不仅每个摊点出售的商品更具原创性，连店主人的脸上也少了点生意人的精明，他们会耐心地为你介绍自己的商品，即使你久久逗留却不买也会投之以宽容的微笑。

在这里，可以看到英国老阿姨用添加了牛奶丝的有机织物现场一针一线的钩织儿童衣帽，也能以相当合理的价格买到由以色列艺术家手工制作的瓷盘杯盏，上面那些色彩艳丽的花鸟虫鱼同样也是手工绘制。而各种纸质的手工艺品——明信片、玩具屋、3D城市地图——则是馈赠亲友最佳的手信，我就在这里以65镑的价格买到了一幅手工制作的“睡莲”图，它是以莫奈的《睡莲》为模本，用油彩勾画出绿色的池塘，再以贝壳、碎玻璃、项链珠拼接成莲花和荷叶的形状，非常的养眼。

除了创意手工区，占市集四分之一面积的美食区也让人忍不住停留，这里的熟食摊提供的食品可谓五花八门：烤牛肉淋上肉汁再配上烤小土豆和约克夏布丁，奶酪加土豆，意大利拖鞋面包夹牛肉和鸡肉配上香草酱，草莓、香蕉和大棉花糖裹巧克力酱，还有花花绿绿的杯子蛋糕，看着就让人食指大动。

TIPS

老皇家海军学院目前是格林尼治大学(Univesity of Greenwich)与圣三一音乐学院(Trinity College of Music)。其中的壁画大厅(Painted Hall)及教堂(chapel)皆对外开放。

格林尼治市集值得买的东西很多，请一定备好现钞，否则可能会后悔莫及。

乘船到格林尼治是最快的方式，虽然比其他方式略贵，但方便又有美景看，有牡蛎卡的话还可以打折。

很多创意手工艺品的摊主并不欢迎拍照，拍摄之前务必要征得同意。

DON'T MISS 不可错过……

360 DEGREES VINTAGE

打理这家复古小店的是一对母女，中年女儿在介绍货品时总会习惯性地向自己白发苍苍的老母确认某一件裙子来自哪个年份——在这里可以找到从1900年到1980年早期的复古衣物和饰品，涵盖多种风格，从日常穿着的连衣裙、英伦味十足的风衣再到绝对不会撞衫的华美礼服……你甚至可以淘到上世纪五六十年代的女童睡袍！就连电影《国王的演讲》的主演柯林·费斯（Colin Firth）携妻子出席第84届奥斯卡颁奖礼前，也在这里挑选了部分衣物。

对于我们这样的“老外”而言，最有成就感的大概是用五六十镑的价钱淘到Burberry和Aquascutum的经典风衣，它们都被保存得品相颇好，可惜因为孤品只属于尺码合适的幸运儿。古董级的丝巾也是值得细细挑选的，你不妨要求店主打开橱窗一条条捡出来看，Nina Ricci、Hermès、KENZO、Diane von Furstenberg……那种属于上个世纪特有的绝美绝对值得被收入囊中。

当然，就算是对二手衣不感兴趣者，在这里随便兜兜也都会觉得好有兴致：1930年代的好莱坞招贴画、老牌的绅士烟斗和鹅毛笔、挂满天花板的米字旗，再加上老奶奶慈祥的笑容，仿佛坠入旧时时光……

地址：
3/3A Greenwich Market

电话：
07904 709 759

DON'T MISS 不可错过……

DON'T MISS 不可错过……

地址：
16 Greenwich Market

电话：
020 8858 8744

BEAUTY AND THE BIB

走进这间小店，就好像是误入了可爱的童装森林。这里的墙上、桌上、装饰树上都密密麻麻地挂满了Beauty and the Bib 品牌创始人Lara Boyle设计的婴儿围嘴、帽子和可爱衣物，尤其以女婴儿的棉布裙色彩最为夺目。

Beauty and the Bib 最有名的产品是婴儿围嘴，有好看的草莓、星星、树叶形状，每一个都采用三层面料设计，美观之余吸水效果也超好，天后碧昂斯就曾在电视节目中表示自己在伦敦时装周时收到的Beauty and the Bib礼品围嘴“可爱极了”。

DON'T MISS 不可错过……

ARTY GLOBE

地址：
15 Greenwich Market

电话：
020 7998 3144

这是一家专门售卖城市插画的小店，通过独特的全景鱼眼视觉角度呈现出三维立体的伦敦城市风貌，由身兼建筑师和艺术家的Hartwig Braun一手创办。

除了城市插画，这里也有一系列插画衍生产品，如明信片、卡片夹、环保袋、拼图和靠垫等，很适合作为手信馈赠亲友。

CHAPTER 03

LIBERTY

LIBERTY。紫色吸引

奥斯卡·王尔德曾经说过，LIBERTY是那些最具艺术气质的购物者所要来的地方。时至今日，这栋古老的都铎式建筑依然吸引着全球各地对“独一无二”情有独钟的人

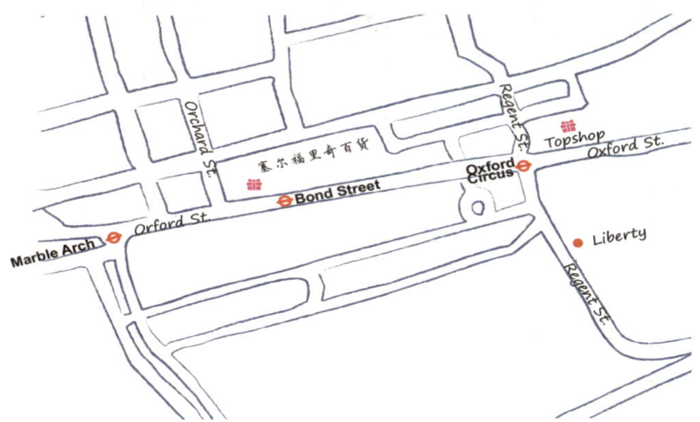

1874年，Arthur Lasenby Liberty向他未来的岳父借了2000英镑，在摄政街218a号开创了LIBERTY，为那些见多识广的顾客细心挑选来自日本和远东的装饰物、面料和艺术品。充满远见的他相信，自己有能力改变当时家居用品的面貌和时尚。

刚开始，这家小铺只雇得起一个16岁的女孩和一个日本男孩，但由于Liberty先生眼光独到，仅用了18个月就连本带利进账，店面扩充之余很快就成长为伦敦最具艺术气质的购物场所。如今，一个多世纪已经过去，LIBERTY在伦敦依然是艺术性和创造力的代表词。

Liberty先生的“家”

地址：
208-220 Regent Street,
W1B 5AH

营业时间：
周一-周六：10:00-21:00
周日：12:00-18:00

交通：
地铁站 Oxford Circus下

网址：
www.liberty.co.uk

从牛津广场（Oxford Circus）地铁站出站后，步行3分钟就能看到一座白墙黑梁、尖顶环绕的古老建筑，虽然与车水马龙的牛津广场近在咫尺，但周遭的环境却一下子清幽了许多。

这座外观独特的大楼建设于1920年代初都铎建筑风格盛行的时期，这种建筑最大的特点就是白色的墙面上有黑色的木条装饰。由于是木质框架，都铎式建筑需要耗费大量的木料与人力，而建造LIBERTY所用的木材则全部来自英国皇家的两艘船HMS Impregnable和HMS Hindustan。

遵照Liberty先生的设计，LIBERTY内部装修至今仍然

悉心保持着一种“家”的感觉。整幢大楼共有三个天井，这三处圆地构成了LIBERTY的视觉中心，每个天井都围绕着一些大小不一的房间，每一个房间内都分门别类地陈列着高级时装、精品鞋履、家居用品、文具礼品等，有些房间甚至还保存有刚建造时候安置的壁炉。当然也有电梯，但那更像是摆在大厅的古董装饰，大多数顾客都会从两侧的环绕型木楼梯上楼，吱嘎吱嘎，仿佛跟旧时光说情话。

对艺术情有独钟

穿过正门鲜花簇拥的花店，首先进入视野的就是LIBERTY最具声名的丝巾廊，每一个品牌的丝巾都被分门别类地陈列在白色

木梁结构使得 LIBERTY内部的感觉真有点像“龙门客栈”

的八角台上，从高空俯瞰下去就像是一朵朵五彩斑斓的太阳伞。这里除了售卖各种花花绿绿由LIBERTY自产的印花丝巾，还能买到诸如Alexander McQueen、Missoni、Sonia RYkiel等设计师品牌的丝巾，更有不少是LIBERTY与艺术家、时装设计师合作独家发售的限量品。

LIBERTY里的商品，小到卡片、纽扣、杯盏，大到布匹、地毯、包裹着LIBERTY经典印花布的沙发桌椅，每一件单品似乎都精挑细选过，有着独特的艺术气质，而选择丰富的女装部既有Armani Collezioni、Marni这样的经典大牌，也不乏Potor Pilotto、Jonathan Saunders这样的英伦时装新势力，你甚至还能在古董时装部买到上世纪二三十年

代Christian Dior的华美礼服。虽然每一件的标价都绝不便宜，但好在到这里买衣服，绝对不会有热情的销售人员亦步亦趋，你只管放心地挑选触摸就好。正因为如此，每到打折季，LIBERTY总是人潮涌动，那时候虽然可以买到很多性价比高的设计师服装，但也不会有平时那种闲庭信步的感觉了。

除了女装， LIBERTY的男装也能让人眼前一亮：古典优雅中略带花俏，再加上都是比较修身的裁剪，所以感觉中会透出那么一点可爱的娘气：明亮的印花衬衫、纤细的铅笔西裤、镶皮草的双肩包，让你能轻易勾画出LIBERTY男孩特有的形象。

LIBERTY
LONDON
LIBERTY
LONDON

除了丝巾廊和选择丰富的设计师时装，3楼的面料专区也是LIBERTY的象征之一，经过了上百年在印花图案设计上的积淀，LIBERTY的印花布和它独特的紫色购物袋一样有名。

在LIBERTY创办之初，创始人Liberty先生曾从日本、印度、爪哇等国家进口布料及商品在英国贩售，这些布料花色虽然漂亮，但在质地做工上却无法叫人满意。由于Liberty先生有许多艺术家客人，加上自己本身对于艺术也小有钻研，于是便找来艺术家合作，在英国当地制造生产，并于 1892 年正式推出 Liberty艺术织布（Liberty Art Fabrics）。至今，它与艺术家的合作仍在持续。现在，这个被称为 Liberty Print 的印花布早已是全世界最知名的布料之一，并吸引到世界各地的设计师纷纷选用。

TIPS

- 不少闷骚的伦敦男人都会在这里扯上一块LIBERTY的花布，拿去做西装的衬里和手绢，想要学他们的英伦范，这一招很管用。

- 4楼的生活馆除了有各种包裹着LIBERTY经典印花布的沙发和家具，还有从全世界各地搜集来的新奇家具、家居用品和手工艺品，地毯馆陈列的则全是来自中东的手工织毯，还被特别地挂在围栏上展示。

- 除了圣诞节期间，LIBERTY在六七月也有一个打折期，折扣有时候会低至4折。

- LIBERTY原则上允许拍照，但有些特殊地方例外。

MORE 周边还有……

TOPSHOP

Topshop旗舰店

推荐指数：★★★★
地址：
36-38 Great Castle Street，Oxford Circus，W1W 8LG
营业时间：
周一至周三和周六：9:00-21:00
周四至周五：9:00-22:00
周日：11:30-18:00

正如Zara之于西班牙，H&M之于瑞典，英国最著名的高街品牌非Topshop莫属。Topshop于1964年成立于英国，是英国最早也是最大的支持新锐设计师、扩大原创影响力的服装品牌，也是开启设计师联名合作款先河、唯一在世界级时装周走T台的高街时尚品牌。位于伦敦牛津广场的旗舰店，1994年开幕，占地8400平方米，至今仍是世界上最大的独立时尚门店，除了售卖女装和男装Topman，这里还有数量惊人到足以让人眼花缭乱的便宜配饰售卖。地下一层则有点像买手店，搜罗了来自世界各地的潮牌服装和鞋履，甚至还有复古二手衣卖。

SELFRIDGES
塞尔福里奇百货

1909年，Harry Gordon Selfridge创建了塞尔福里奇百货公司，他的信念是：购物应该是有趣的。从此，这座如剧场般的百货商店就一直按此宗旨提供服务：非同一般的展览，创意新奇的橱窗，还有覆盖整个商店的主题活动，使在此购物变成一件开心事，而它闻名世界的橱窗设计，给了无数以此为专业的学生们创意的灵感。

这家百货商场汇聚了时尚服饰、珠宝、配饰以及众多的美妆品牌，女鞋部门是迄今为止世上最大的售鞋部门，内含6条沙龙秀场、11家精品店以及近5000双不同风格的时尚美鞋。而它对于奢华时尚与平价优品的双重偏爱也使得你不至于像逛哈罗德那样，老是要忍不住感慨自己的荷包太浅。

推荐指数：★★★
地址：
400 Oxford Street,
W1A 1AB
营业时间：
周一至周六 10:00 - 22:00，
周日 11:30 - 18:00

伦敦的天气是出了名的阴晴不定，刚才还阳光灿烂，突然就可能下起瓢泼大雨。在阴雨连绵的地方呆久了，人很容易变得消极低落，于是采购和种植各种鲜花就成为伦敦人寻找明媚的方法

CHAPTER 04
COLUMBIA ROAD FLOWER MARKET & SHOPS
哥伦比亚鲜花市集。人间四月

从上世纪起，东伦敦的哥伦比亚路（Columbia Road），每逢星期天就变成了鲜花的海洋，来自天南海北的人们聚集于此，喝咖啡、聊天、购物，然后捧一两束花或几盆植物，带回家装点公寓、赠送友人。在这个鲜花市集，不但有花买、有店逛、有美食尝，还能体会原汁原味的伦敦老百姓生活。逛完花市后，还可以去旁边的砖巷街（Brick Lane）和老史毕特尔菲德市集（Old Spitalfields Market）逛逛，它们也都是伦敦最有名的市场。

由于只在周日的8点到下午3点开放，哥伦比亚鲜花市集的每一个人每一块砖似乎都在期待着这一天的到来：一到星期天，这条1000米不到的小路上就密密麻麻挤满了当地居民，这里面有年轻情侣，有耄耋老人，还有的是全家总动员，甚至连自己家里的狗也不落下。这些人不管是穿戴整齐，抑或睡眼惺忪，只要手捧着鲜花，脸上无一例外地都挂着幸福的微笑。

在这个伦敦最有名的花市，不仅有当地花农栽种的各种花卉，还能买到从全世界各地空运过来的奇花异草；各种红色、白色、粉色、紫色、橙色的郁金香，蓝色的原叶风铃草，金黄的非洲菊，紫色的薰衣草……甚至还能看到中国的牡丹和芍药，更有一些奇花异草闻所未闻。除了鲜切花，这里还有各式各样的盆栽和果树供选购，花盆、种子、农药、

地址：
Columbia Road , Greater London

交通：
地铁 Shoreditch/Old Street 站下，步行约 10分钟

营业时间：
周日 8：00-15：00

农具等也一应俱全，让你真切地感受到伦敦人对园艺的热爱。听当地人说，由于伦敦的冬天昼短夜长，为了打发时间，他们会花很多时间摆弄园艺，期待着春天一到就看到自己的花园里一副生机勃勃、鲜花灿烂的模样。

由于竞争激烈，这里到处都是充满特点的吆喝声，类似5镑一把、10镑3把的招贴也比比皆是。站在鲜花丛中吆喝生意的摊主都是些老面孔，不少人已经在这里工作了近半个世纪。有兴趣的人，不妨去哥伦比亚花市的官网浏览下，里面对多位摊主都有介绍，每一篇介绍都像是一个与花的恋爱故事。

除了卖花，花市两旁还聚集了不少特色小店，每一家店看着都别有洞天。新奇的墙纸、复古的首饰、好玩的糖果、二手的衣物——这儿绝对是个来了就想一逛再逛的好地方。

DON'T MISS 不可错过……

ANGELA FLANDERS

No.96, Columbia Road

1985年的春天，Angela Flanders在哥伦比亚路96号建立了自己的商店，很快的，这个迷人的小店就成为了一处旅游圣地，无数顾客涌到这里只为买她店里的花和香水。推开这家香水店的木门，好像是误入了某位英国淑女的闺房，梳妆台、窗口和桌子上都堆满了各种精油、香水和面霜，门口的玻璃橱中还展示了Angela Flanders的各种私人香水藏品。

这位非常传奇的女子，充满梦想和创造力，她像变戏法似的创造出一系列个人香水，吸引了无数沉溺于奢侈而精美的手工制作香水的人。这里最值得购买的是Figue Noire和Oudh Noir，这两款香水都曾获得过菲菲奖（香水界奥斯卡）的提名。

这里的店员都充满异域风情

DON'T MISS 不可错过……

FUTURE VINTAGE

No.98，Columbia Road

有别于路边二手店货色的良莠不齐，这家店铺里可以找到很多知名设计师的二手成衣：Matthew Williamson、Alberta Feretti、Derek Lam、Marc Jacobs，式样和成色都很新，虽说价格比一般的二手店贵，但整体货品的质量非常稳定。这里同时也代卖和回收二手衣，并会将成交价的50%返回给卖家。

DON'T MISS 不可错过……

J&B

No.158a，Columbia Road

一家充满田园风的小店，店主是一对有着多年友情的威尔士女孩——Jessie Chorley和Buddug Humphreys，店里林林总总的小物件都是两人手工制作的：碎花布做成的调羹、拼贴画、布艺杯垫、田园风格的家居服，有一颗少女心的女孩千万别错过。

DON'T MISS 不可错过……

GLITTERATI

No.82，Columbia Road

它也许是伦敦众多外表平凡的小店之一，这种小店由夫妻、姐妹或母女打理，一开就是好几十年。GLITTERATI主要售卖二手首饰、手表、饰品，有很多上世纪二三十年代的发夹、项链、耳环和袖扣，很适合在里面挑礼物送自己。店主是一对恩爱夫妻，两人分工严明：妻子负责卖首饰，丈夫负责卖手表，里屋还出售二手书。

DON'T MISS 不可错过……

VINTAGE HEAVEN & CAKEHOLE

No.158a，Columbia Road

这里可以买到你在老电影里见过的那些漂亮瓷杯，走进去的感觉就像是掉进了复古瓷器森林，到处都是店主Magaret和家人从各个地方收集来的二手瓷器、玻璃器皿、镜子、厨房用具等，堆得桌子、架子、每个角落都满满当当。店铺的末端，是一家叫做Cakehole的蛋糕屋，自家手工制作的可口甜点、醇香的奶茶配上从店里就地取材使用的茶壶、茶杯、糖罐、奶罐等器皿，吸引了大批兜完店想要歇歇脚的人。

MORE 周边还有……

BRICK LANE

砖巷街

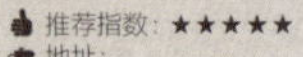

推荐指数：★★★★★

地址：
Shoreditch，E16PU

营业时间：
9：00~17：00
商店、画廊、餐馆每天都营业

网址：
www.visitbricklane.org/

从哥伦比亚花市一路向南走，就会走到这个长得五颜六色、内容也五花八门的市集，这里的街道两旁艺术涂鸦和潮人随处可见，周围还聚集了很多精品二手小店和Beyond Retro这样的仓储式二手店，如果你是二手衣的爱好者，星期天花一天的时间泡在这里绝对值得。

砖巷街曾经是印度人的天地，所以现在去还可以看到很多印度饭馆，门口都是咖喱的香味。而到了周日，砖巷街主街道两旁就都是练摊的年轻人，外加“Sunday-Up Market”和“Backyard Market”这两个主题集市，吸引了大批来这里逛的本地人和游客。此外，这一带还有来自世界各地的大排档，铁路桥上有好吃的拉面，Truman Brewery底下的大厅卖饭团和包子，露天的小酒吧可以边喝酒边淘黑胶片，拐角隐蔽的market门口有卖章鱼小丸子，Sunday-Up Market 里面有好吃的 Pad Thai， 外面还围了一圈吃的，最拿手的就是各种咖喱美食……

OLD SPITALFIELDS MARKET
老史毕特尔非德市集

推荐指数：★★★★
地址：
105A Commercial Streeet,
Spitalfields, E1 6BG
营业时间：
周一至周三：9：00-18：00
周四古董市集：8：00-17：00
周五时装市集：9：00-18：00
周六：11：00-17：00
周日：9：00-17：00
网址：www.visitspitalfields.com

相对于砖巷街的自由、散漫和生机勃勃，以创意手工艺市集出名的老史毕特尔非德市集就要商业许多。改造后的老史毕特尔非德市集是一个室内市集，中心圆圈的地方是各种各样售卖创意手工艺品、时装、饰品的摊铺，周围则是一圈商铺，有酒吧、餐厅和类似agnès b.、All Saints、Dr. Martens这样的专卖店。

虽说重新翻修之后的市集被规划的整齐划一，失去了市集该有的味道，但对于匆匆游客来说，只需去一个地方，就能看到伦敦最著名的创意市集，还可以顺便逛逛Dr. Martens这样的英伦品牌店，何乐而不为呢？

就算是什么都不买，
把它当成景点逛逛也好

CHAPTER 05

HARRODS

哈罗德。寻找信天翁

尽管早已经易主，但一说到伦敦的哈罗德百货（Harrods），很多人马上就会联想到它曾是戴安娜的埃及情人多迪·法耶兹父亲旗下的产业。时至今日，无数的戴妃迷依然会涌入哈罗德缅怀这朵英伦玫瑰。哈罗德设有两处悼念戴妃的地方，一处在一楼第三道门边带有埃及风格的手扶梯旁，这里有一座被称作“无辜的受害者”（Innocent Victims）的铜像，只见多迪和戴安娜王妃微笑对视，合举起振翅的信天翁，象征“爱是永恒”；另一处则在地下一层男装区，那里设有两人的灵堂，遗照前还摆着一枚硕大无比的钻戒，那是车祸前一天法耶兹送给戴安娜的订婚戒指。

作为伦敦最高级的百货公司，哈罗德百货公司明文规定到访者不得背双肩背包、禁用手机、不可衣冠不整。所以，高大的保安会守在门口对背着双肩背包的游客好言劝阻，要求其把包提在手里方可入内。

这座由7层楼组成的购物宫殿依然保持着前主人所营造的古埃及风格，大理石门廊两侧矗立着奈费尔提蒂皇后（Queen Nefertiti）和卢克索神庙（Luxor Temple）的雕像，地下一层还专门开辟了一个金碧辉煌的“埃及厅”……

地址：
87-135 Brompton Road Knightsbridge，SW1X 7XL

营业时间：
周一至周六：
10：00 - 20：00;
周日：11：30 - 18：00

交通：
地铁 Knightsbridge站

英国最大的百货王宫

作为全世界规模最大的百货公司之一，哈罗德占地4.5英亩，购物大厅超过100万平方英尺，330个不同的部门分门别类

地提供从食品到时装、珠宝到电器、家具到家居用品等多种商品，另外乐器、礼品、玩具、文具、体育装备、药房等也一应俱全，甚至还设有“宠物王国”购物分部和出售古代地图、手稿的古玩金石部。按照哈罗德所言，只要付得起账单，就能为任何人做任何事，所以你甚至可以向它订购游艇和私人飞机。

与其他百货公司不同，哈罗德不是几根柱子支撑一个大厅那种贯通式的结构，而是不同门类的商品或品牌占据一个宽大的房间，房间互相隔离，有点类似于博物馆的区域划分，给人一种空间的隔离感。以底楼的手袋区来看，法国产的Louis Vuitton、Hermès、CHANEL等在一个大厅；意大利产的Prada、Bottega Veneta、Gucci等又在另一个大厅；英国本土最有名的Burberry和Mulberry也被特别安排为彼此相邻。这样

多迪和戴安娜的遗照前摆着一枚硕大无比的钻戒

子，一间房间一间房间逛过来，每个单独房间的装饰风格都有所区别，所售的产品也相映成趣。

由于规模过于庞大所售产品偏奢华，很多人来哈罗德的经历更像是踩景点，到此一游即可。如果真想购物，进门后不妨去入口处的信息台（Information Desk）拿一份楼层分布图，花上片刻仔细研究一下最想逛的地方在哪里，然后有针对性的逐一突破。如果你的英文不好，也不用过于担心，哈罗德大约有70名会说普通话的员工分布在各层，有任何问题都可以找这些黄皮肤的东方面孔求助，他们大都会耐心地给予帮助。

不可错过的食品大厅

当然，与里面动辄上千英镑的高档货品相比，底层的食品大厅（Food Hall）就和蔼可亲得多，洋溢着新艺术主义风格的瓷砖和马赛克给不同的食品区域带来浓浓的情调，珍馐美味和特色小吃更是应有尽有。逛累了的话，你还可以顺便吃个饭，这里提供五花八门的餐饮选择，从日式料理、西班牙烩饭到牛排，甚至还能吃到上海小笼。繁忙的收银员的穿着也很哈罗德，头戴优雅的小圆帽，身上的领带、围裙都是典型的哈罗德绿色，非常绅士。

TIPS

- 一年中，有两个时间来哈罗德最为适合，一次是夏季的6月底到7月，一次是圣诞节前后，这一年两次如国际狂欢般的“SALE”时间吸引着来自全球各地的旅游者到访。

- 哈罗德百货的服务非常周到，你甚至可以通过它们的国际邮寄服务将贵重货物直接安全送达自家门口。而中国的网购用户很快也能通过哈罗德百货直邮（Harrods Direct）享受类似的服务了。

- 如果想获得好的服务，尽量不要在周末人潮拥挤的时候去哈罗德购物。

MORE 周边还有……

BURBERRY
骑士桥专卖店

作为英伦时尚的标志之一，Burberry的风衣跟伦敦的天气一样有名，在现任设计总监Christoper Bailey的重新塑造下，Burberry已不只有卡其色风衣、米色与褐色交织的格子，更焕发出年轻而富有变化的新风貌。

位于骑士桥的这家专卖店是Burberry在伦敦的最大分店，涵盖了Prorsum、London、Brit和Sport等产品线的时装，同时售卖Burberry的童装、配饰和化妆品。这里还独家提供“店内取货”的服务，即在伦敦时间星期一至星期五（银行休假日除外）下午2时前在线订购的产品，可于次日中午起在店铺营业时段内前往取货。

地址：
2 Brompton Road,
SW1X 7QN

营业时间：
周一至周六：10：00-20：00
周日：12：00-18：00

HARVEY NICHOLS
哈维·尼克斯百货

如果说哈罗德是开设给世界各地的购物者的天堂，那么相隔不远的哈维·尼克斯更像是住在骑士桥附近和伦敦本地有钱人的购物场所。这里基本上很少见到外来游客，目标客户群也是伦敦本地人，所以伦敦人都亲切地叫它小名“Havey Nicks”。这里的货品的数量和选择是走精不走多，如果你有选择恐惧症，去这里逛逛很不错。

地址：
109 - 125 Knightsbridge,
SW1X 7RJ

营业时间：
周一至周五：10：00-21：00
周六：10：00-20：00
周日：11：30-18：00

来这里，不光是探宝，
还是去找寻和电影《诺丁山》
有关的点点滴滴

CHAPTER 06

PORTOBELLO ROAD MARKET

波多贝罗市集。人山人海

看过电影《诺丁山》的人，对于波多贝罗市集一定不会陌生，那里是休·格兰特口中伦敦最可爱的角落，每天都有各种热闹可看，平日里售卖各种蔬菜和水果，到了周六就变成了张开怀抱等待各国游客去探宝的古董市集，当然更重要的一点还在于诺丁山是个上演了神奇爱情的地方——光鲜亮丽的大明星爱上了一文不名的书店店主，每当想到这里，我的耳边就会想起片头那首歌曲《She》，而它——波多贝罗市集自然也成为了我伦敦之行最想拜访的市集。

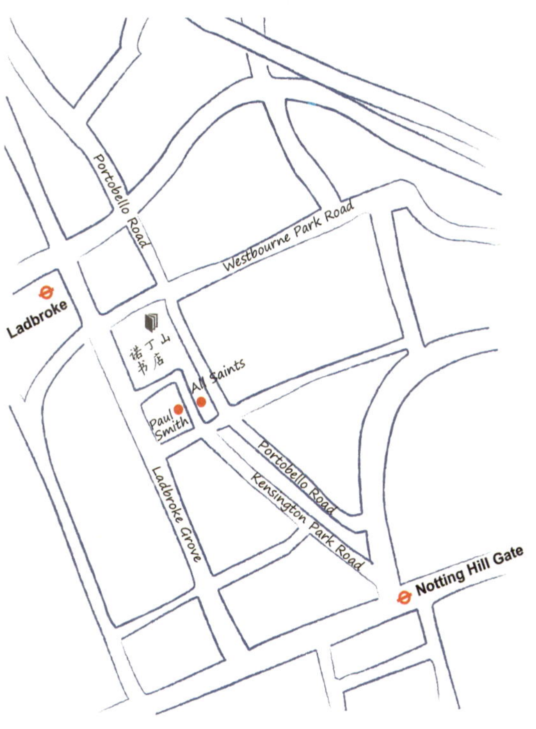

二手服饰区淘宝

拜读完《早安！伦敦市集》以后，我得知藏在良莠不齐的古董集市的尾端其实还有一个二手衣市集，那个二手市集是连张曼玉、Anna Sui都会流连忘返的宝地——既然作为一名游客不可能有经济实力和眼光买到那些真正的古董，那么为什么不反其道而行之，从二手市集逛起呢？于是，我的波多贝罗市集之旅就从尾端的二手市集开始了。

出了Ladbroke Grove地铁站后，穿过一座天桥，就能看到旁边的一条小路两边摆着各式各样的小摊，售卖T恤、手工艺品和一些廉价的首饰，质量都很像地摊货，所以并没有太多可看的。再往里走，就看到一个巨大的白色帐篷下，几十个摊位比邻而居，这里也就是从周五开始营业的二手服饰区了。和康登

地址：
Portobello Road,
W10 & W11

营业时间
古董市集：
周六 7:30-17：00
二手市集：
周五：7：00-16：00
周六：8：00-17：00
周日：9：00-16：00

交通：
地铁 Notting Hill Gate或
Ladbroke Grove站下

市集到处都是穿着前卫、夸张的朋克青年以及老史毕特尔菲德市集充斥着游客模样的人不同，在这里可以看到很多伦敦西区的时髦男女来来往往，优雅而迷人。至于那些摆摊的店主们，每一个似乎都擅长把古早的衣物搭配出新鲜的模样，随便拉出来一个都可以作为复古搭配的街拍样本。

平心而论，这个市集的确是淘那种1980年代粗棒针毛衣的宝地，有各种各样的样式可以挑选，但尺码都偏大，需要你有欧洲人那种高挑身材。你若是喜欢印花裙子、二手挎包和皮草类，这里也有大量的货品让你挑花眼，当然你还能在这里淘到Hunter的雨靴、Burberry和Aquascutum的风衣，几十镑左右就能拿下，前提是尺码正好合适。

就这样往前选选看看停停，时间过得飞快，所以当人不知

TIPS

- 访问古董市集的最佳时间是9点-10点，因为到了11点左右，整个波多贝罗路就会人山人海。
- 古董市集大部分商户都接受信用卡，其他市集则不接受。
- 如果8月底来到诺丁山，就可以赶上一年一度全欧洲最盛大的狂欢节——诺丁山狂欢节。

不觉走到了位于市集中段的食品小吃市集时，正好可以花几镑买点风味小食解解馋，或是找家咖啡店临窗坐下，边看热闹边歇歇脚。因为过了二手市集后的这条路才是货真价实的波多贝罗路，你会发现这条路的两旁都是一排排整齐干净的维多利亚时期排屋，充满了西区该有的模样。

古董市集看热闹

离开了售卖蔬果、鲜花和小吃的食品市集，密密麻麻汹涌而来的人群就会提醒你，波多贝罗市集最名声显赫的古董市集到了，除了路两边一个个摆着或真或假饰品、陶器、杂货的古

董摊，排屋里还开辟了一个个不同名号的市集和小店，每一个市集里面都别有洞天，藏着大大小小的摊铺，每一个摊位上都摆放着各种看上去年代久远的产品，例如17世纪维多利亚时期的古玩、种类繁多的旧书、分不清什么年代出产的玩具、古董相机、老银器、古董家具、陶瓷餐具、古董蕾丝……所以说波多贝罗古董市集，名副其实的摊多、货多、人多，有时候你想着要在某个摊位多停留一会，但由于人潮汹涌，很快就被“驱赶”到下一个摊铺了。

面对摊位上众多或真或假的古董货物，外行的人还真的是难辨真伪，所以看着眼前形形色色标注着维多利亚时期甚至

乔治亚时期的古老物件，抱着欣赏的态度就好，如果真的想要买一两件纪念品回家，那么就选自己喜欢且心理价位能够接受的，不要抱着发财的目的，因为真正的古董商在10点以后是不会出现在波多贝罗市集的。所以来这里，更多的是感受伦敦市集的氛围，顺道重温电影《诺丁山》里的场景，寻找休·格兰特居住的房子。你可能会失望没有看到片中的那道蓝色小门，因为它早已被拍卖捐赠到慈善机构了，但只要你耐心的按图索骥，还是会找到休·格兰特惨淡经营的旅游书店。

这个挂着蓝色勋章的地方就是电影里的旅游书店了，现在已经改名直接就叫"诺丁山书店"。

所以，就算是在波多贝罗什么也不买，看看热闹、欣赏下街边艺人卖力的表演也颇有趣味，何况诺丁山隔壁就是荷兰公园，这个贵族味十足的院落正好缓解刚刚逛完市集后的喧闹感。

MORE 周边还有……

ALL SAINTS

如果你有点酷，衣服总是黑、白、灰三色，那么你一定会喜欢伦敦的新锐潮流品牌All saints，它甚至被众多前卫时尚爱好者称为平价版的Vivienne Westwood。这家店里的衣服常常采用精美的印花和磨旧等手工处理，有很多摇滚、军旅、哥特的元素，带着些的颓废和酷，却又充斥着怀旧又低调的浪漫主义。All Saints的专卖店遍布伦敦各大潮流地带，尤以诺丁山这家最有特色，因为整个店铺的墙壁上挂着1600多台传统的手工缝纫机，没有一台重样，十分壮观。

地址：
290 Westbourne Grove，W11 1EH
营业时间：
周一至周五：10：00-21：00，
周六：10：00-20：00，
周日：11：30-18：00

PAUL SMITH

保罗·史密斯爵士（Sir Paul Smith）是英国时尚界有名的老顽童，作为彩色条纹的创始人，60岁出头包里却揣着个电动小火车，办公室里还有个长毛绒玩具大猴子，童心未泯使得他的设计充满搞怪幽默的新意。然而他又是个保守传统的英国人，与妻子相伴40余年，现已是儿孙满堂。这样的双重个性使他能在服装设计中把新潮与传统的设计元素完美结合起来，在求新求变的时尚界立于不败之地。如今的Paul Smith彩虹横条图案毫无疑问已经成为除了Burberry的格子图案之外的，又一英伦经典Icon。而在威斯本园路（Westbourne Grove）和金士顿公园路（Kingsington Park Road）的交叉路口，就有一左一右两家Paul Smith店铺，非常值得一逛。

地址：
2 Brompton Road Royal Borough of Kensington and Chelsea,SW1X 7QN
营业时间：
周一至周六：10：00-18：00
周六：11：00-18：00

记住了，当你想要什么却在别的地方买不到时，那么，不妨去康登市集找找看，也许它就在哪个不起眼的小摊上等着你呢

CHAPTER 07

CAMDEN MARKET

朋克的康登城

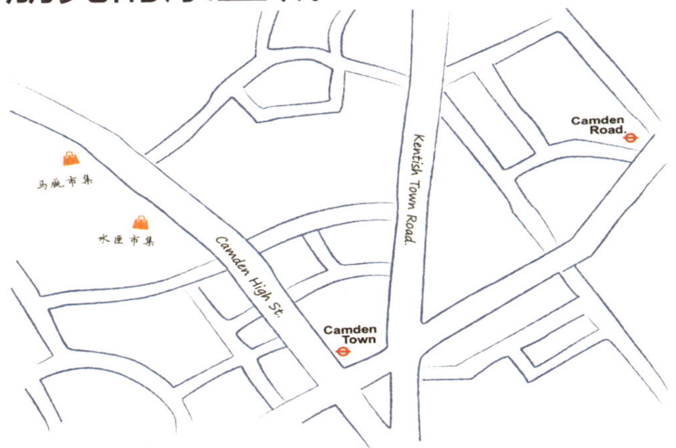

作为一位初次来到伦敦的游客，当我和汹涌的人流一起走出康登城地铁站（Camden Town）时，心中那些关于伦敦的初印象——优雅、高贵、绅士似乎一下子都被颠覆了。眼前这条名叫康登大街（Camden High Street）的道路两旁，鳞次栉比地开满了个体店铺，每一家店铺的墙面都被漆得花花绿绿，上面还挂着夸张的巨大模型作为店招——板鞋、骷髅头、巨龙和蝎子……很直观地让你知道店里出售的产品到底是什么。

身旁的行人中随处可见梳着五颜六色的“鸡冠头”、全身穿孔、穿着稀奇古怪的朋克男女。怪不得康登会成为伦敦北区最有争议性的一块宝地，因为一般人到了这里，基本只有两种感觉：要么喜欢得要命，要么想赶紧离开——这个地方的个性实在太强！

朋克音乐的发源地

2006年10月底，为了纪念传奇DJ John Peel逝世两周年，BBC的流行音乐台BBC RADIO 1特地选择在伦敦最朋克最摇滚的康登城举行了名为Electric Proms摇滚音乐节，主场馆则是1970年代的摇滚传奇场馆Roundhouse。正如当时的宣传口号："There is a first time for everything, this is it"，康登城这个伦敦著名的贫民区孕育着最底层、最原始的力量，朋克从这里起源，至今，The Clash、Ramones这些朋克祖先的灵魂还萦绕在康登城的上空，就像那块写着"Camden Live Concert – Since 1960"的牌子一样，屹立不倒。

由于这个地区是朋克、做地下音乐的年轻人和世界各地的摇滚音乐人经常出没的地方，不仅吸引了英国各类时尚和音乐名人前来朝圣，更成为世界各地游客在伦敦旅游观光时的必经之地。很多人都把和街上的"朋克"合影当成是和皇家卫队合影一样不可多得的机会。慢慢的，在这个地区里多年滋生发展的跳蚤市场也就随着顾客的需求逐渐演变发展成今天的康登市集。

作为伦敦最潮、最另类、最大的市集，康登市集实际上主要包括五个部分：一出康登地铁站，是卖二手时装、音乐唱片、仿货和青年设计师设计的一些时装品牌店的康登大街，再往北走，左边的一条路叫做Inverness Street，除了有一些售卖蔬果和廉价衣物的小摊，还有一些欧陆风格的酒吧和专卖店，右边则是约有200个摊位的露天市集"康登市集"（Camden Market），主要售卖新旧衣服、饰物和鞋子，大多数货物的质量跟国内的地摊货差不多。

再往前走，就是风景旖旎的摄政运河，河的右边是装修一

地址：
Camden High Street，NW1

营业时间：
卡康登水闸市集：
10：00 -18：00
康登马厩市集
Camden Stables Market：
9:30-17：00

交通：
地铁 Camden Town站下

QUARTER
QUARTER
CHAOS
DARK SIDE
NEW ROCK
CAMDEN
LET BY
One way
KFC
Levi's
£1.99
YO COCO
YO COCO

新的康登水闸小村市集（Camden Lock Village Market），左边则是小有名气的康登水闸市集（Camden Lock Market），在这座三层楼的集市里，货摊挨着货摊，主要售卖手工艺品、T恤衫、装饰画和首饰等。

在水闸市集逛着逛着不知不觉地就会走到这里最有名的马厩集市（Camden Stables Market），这里有康登城最好的小店，也是最先让康登市集扬名在外的一些店铺。这里店铺的风格完全可以用五光十色、光怪陆离来形容：复古店、民族风情店、洛丽塔店、哥特店、朋克店、水烟店、日朝服饰店、异域

家居店、穿孔店……各种你甚至都没有想象过的稀奇古怪的店这里都应有尽有，很多亚文化都源于并聚集在这一带。

由于康登城有吃、有玩、有热闹看，所以一到周末，成群结伙的青少年就纷纷涌入这里购物、会朋友。当然还有世界各地的观光客和喜欢Vintage、朋克和摇滚风的购物者蜂拥而至。走累了，可以到酒吧里坐一下，看几个乐队表演 ——康登的大小酒吧基本都有乐队的Live演出，这里是初出茅庐的乐队练兵的地界，没名气的就免费表演，有点名气的就收一下入场费。所以说，想要逛完整个康登城，请一定要预留一天的时间！

DON'T MISS 不可错过……

CAMDEN LOCK MARKET
康登水闸市集

建立于1975年，康登水闸市集的摊位多达250个，出售货品包括二手衣、手袋、手工艺品、乐器及首饰等，甚至还有书店，总的说来货物很杂，质量也良莠不齐，有很一般的成衣，也有一些独立设计师的衣服或充满异域风情的杂货，还会发现不少设计独特的手工艺品。个人觉得可以在这里买一些你在国内不太看得到的手工艺品，至于衣服和首饰则要谨慎出手，因为有些很明显是从亚洲市场批过来的。

来到水闸市集不能错过的是庭院落中提供的非常多元化的食物档，而且大部分都是东南亚菜式，比如咖喱、炒饭、烧烤。

DON'T MISS 不可错过……

CAMDEN STABLES MARKET
康登马厩市集

马厩市集，顾名思义是一个以“马”为主题的集市，它的前身是维多利亚时代火车公司的马厩和马匹医院，由于马厩建在半地下，砖墙与拱顶将许多马厩连在一起，便形成了一个错综复杂的地下网络。为了保留那种历史的神秘感，许多商家至今还栖身在昏黄幽暗的砖拱涵洞与改装仓库中，遍布四周的铜马雕塑、充满历史感的建筑再加上各种稀奇古怪的小店，让人很有种时空交错的感觉。这里大部分的小店都别无分号，出售非主流另类服饰、复古衣、古董、非洲手工艺品、家具、家饰、玩具、唱片等商品，有大大小小七百多家店可以逛，而且华人店主出人意料多！

CHAPTER 08

BICESTER VILLAGE

比斯特。又一村

比斯特购物村规模不大，折扣也跟其他欧洲的OUTLETS相差无几，它能够像磁石般吸引全世界各地的淘宝客，很重要的原因在于这里云集了最多英国本土品牌的折扣店

如果你有机会来伦敦，时间充裕的话，不妨留出一天时间去比斯特购物村（Bicester Village）淘淘便宜的大牌。

比斯特坐落于牛津郊区，如果从伦敦的马里波恩火车站（Marylebone）出发，1个小时车程就能到达目的地。时间充裕的人，还可以顺道游览附近的布伦海姆宫，那里可是英国首相丘吉尔的出生地。

乘地铁来到马里波恩火车站后，在自动购票机上就能看到去比斯特购物村的买票指南，除了常规的英语，还能看到中文和阿拉伯文的操作说明。现在你知道比斯特的大金主都是谁了吧，数据显示，华人已经成为了比斯特的第一购买力。

地址：
50 Pingle Drive，Bicester
Oxfordshire，OX26 6WD

营业时间
星期一至星期五：
10：00-20：00
星期六：9：00-20：00
星期日：10：00-19：00

网址：
www.bicestervillage.com/

下了摆渡巴士后，顺着指示牌的标示向前走，很快就能到达比斯特购物村，只见洁净的景观大道上，一栋栋浅色的小木屋比邻而居，每一栋木屋里都是一个品牌的折扣店，逛起来一目了然。

从规模上讲，比斯特购物村比美国纽约的Woodbury要小得多，折扣也跟其他欧洲的折扣村相差无几，很吸引人的一点则在于这里云集了很多英国本土的特色品牌，如Anya Hindmarch、Agent Provocateur、Mulberry、Pringle of Scotland等，至于英国最名声在外的Burberry，则豪气地在这

里开了三家店，成为每个来比斯特的人必逛之地。

除了英伦风的品牌，众多一线品牌如Alexander McQueen、Christian Dior、Celine、Dolce & Gabbana、Gucci 、Valentino和Prada等都能在这里找到，但没有LV、CHANEL和Hermès。Matthew Williamson、Smythson、Temperley London和Vivienne Westwood等品牌还在此设有全球独家折扣店。

化妆品牌不仅有Crabtree & Evelyn、Penhaligon's、Molton Brown这样的英伦品牌，也有L'OCCITANE和一家Cosmetics Company Store。Cosmetics Company是雅诗兰黛集团的官方折扣店，可以在那里买到比机场更便宜的Origins、Clinique、Prescriptives和Bobbi Brown等雅诗兰黛旗下的产品，像著名的ANR套装才卖67镑，还可以退税。

为了推广英国的设计，从2010年开始，比斯特与英国时尚协会合作，连年举办英伦设计师作品联展，并请到英国当红IT girl Alexa Chung做代言。这个活动主推英国新生代设计师，其中有些还寂寂无名，有些则已经红透英伦。我去的那天，正好赶上了英伦设计师女装联展的尾声，很多小礼服都设计感十足，而且绝不用担心撞衫。

如果不嫌重和易碎的话，比斯特还有一个品类的产品其实很值得购买的，也不用担心过时，那就是瓷器和厨房用具，这里有好几个不错的品牌，如德国的唯宝（VILLEROY & BOCH）、英国的韦奇伍德（Wedgwood）和Le Creuset、瑞士的Bodum，设计都很精美，特别是打完折后的韦奇伍德，和国内的价差非常非常大。

交通：

从伦敦出发

在伦敦马里波恩火车站搭乘Chiltern Railways铁路公司的火车前往比斯特北站（Bicester North station），出站后有摆渡巴士衔接去比斯特购物村。此外，还可以搭乘被称为“血拼特快”（Shopping Express）的大巴，每天上午从伦敦出发前往比斯特购物村，下午从比斯特购物村返回（详情可查阅比斯特官方网站）。

从牛津出发

1、可以在牛津城区内Magdalen大街上的Debenhams百货公司门口搭乘大巴（Stagecoach），每半小时一班。

2、从牛津火车站搭乘First Great Western铁路公司的火车前往比斯特镇（Bicester Town Station），下车后步行可达比斯特购物村。

DON'T MISS 不可错过……

AGENT PROVOCATEUR

这是购买奢华、性感的女士内衣的首选去处。从手工编织的法式蕾丝紧身胸衣到塑形的胸衣和丝质长袍，应有尽有。该品牌是由Vivienne Westwood之子Joseph Corré和他的前妻Serena Rees在伦敦的索霍区创建出来的，以“少一点M&S，多一点S&M”的风趣广告语而广为流传。

ANYA HINDMARCH

被称作“手袋女王”的Anya Hindmarch是近年来很有名的英国设计师，她曾因推出环保包袋“I'm not a plastic bag”而成为明星热捧的设计师，最有名的手袋则是Be A Bag。“Anya Hindmarch Be A Bag”的特别之处是由顾客挑选自己心爱的照片，同时搭配喜爱的款式、颜色，之后再将照片扫描至伦敦做缎面处理，最后送至意大利由师傅手工制作，花时五六个月的时间就可以享有个性化独特的提袋。比斯特的这家折扣店里，除了有大量的手袋钱夹，还会看到鞋品和成衣系列。

PRADA

这家设于比斯特的折扣店人气一直很旺，除了有高性价比的手袋和皮夹售卖，也有很多不错的过季时装供选择。

DON'T MISS 不可错过……

CATH KIDSTON

毕业于圣马丁学院的Cath Kidston女士1992年开设了一间专售二手家具与布料的小店，她从传统布料、古典家具中得到灵感，开始设计极具特色的布料及墙纸。将传统田园花卉图样重新设计为具有甜美时尚感的可爱印花，并将之用于手袋、桌巾、雨伞等生活用品上，非常受女孩子追捧，而设在比斯特的这家折扣店常年人潮汹涌，非常受欢迎。

MULBERRY

因为“艾丽珊包”的走红，使得Mulberry这个英伦最有名的皮制品品牌重新焕发勃勃生机。Mulberry包厚实又气味浓重的皮革、大量运用的金属铆钉及扣带、旧铜色的金属配件，令人不禁联想到中古欧洲时期，带点朴拙与梦幻的城堡骑士。Mulberry在比斯特的折扣店里，比较少看到Bayswater和Alexa bag这样的经典款（有也是比较奇怪的颜色），倒是一些橡木色经典款钱夹打完折后很便宜。

VIVIENNE WESTWOOD

这家店不算大，主要售卖手袋、皮夹和皮鞋类，衣服的款式很有限，有一些票夹打完折后30镑就可以拿下。

DON'T MISS 不可错过……

TIPS

- 去之前，不妨到官网www.bicestervillage.com浏览一下，可以查到所有的品牌目录以及最新的促销信息。

- 比斯特不少专卖店都不能刷银联，你可以要求店员用美元支付，这样能省掉一笔汇率费。

- 比斯特不能寄存行李，所以过去购物请一定轻装上阵。

- 打定主意去血拼的人请一定坐血拼特快Shopping Express过去，因为在车上会一人发一张9折VIP卡，除了Prada以外，全村都好用。

- 每一个店铺所售的商品均能退税，申请退税必须达到每笔最低消费达到30英镑。

BURBERRY

Burberry在比斯特有三家店，分别卖男装、女装和配饰，由于人多货多，依稀会有逛超市的感觉。这里的货物价格基本都是专卖店的4-5折，还能以3折的价格买到过季的秀场款（实际上打完3折也很贵！）。风衣的价格一般在市场价格的4-5折左右，但是颜色以米色、绿色居多，且很多款的尺码都偏大，私下觉得比较值得买的是黑色毛呢大衣，有的价格比经典款风衣还便宜，个子高的人穿上会很有型。

TOD'S

店内的左右两侧分别是男鞋和女鞋，中间售卖手袋，鞋子的款式很多，尤其以男装鞋值得投资，打完折后，鞋的价格基本上都在200镑以下。

PAUL SMITH

特别推荐大家购买他家的男式体恤或印花衬衫，打完折后的价格基本都在三四百元，是不是很便宜?

CLARKS

如果不想买一线品牌的话，买几双Clarks的鞋自用送人都挺不错。这家世界著名的英国鞋店创立于1825年，向来以舒适著称。跟国内动辄上千的价格相比，在这里两三百块就能买到一双走路超级舒服的鞋子，但对式样就不能太苛求了。

GIFTS
伦敦手信

Live
Laugh
Love
Live
Laugh
Love

BRITS I MET AND LIKED

JUBILEE

APPENDIX 附录

SHOPPING ADVICES
伦敦购物必读

1、根据邮编找准地理位置*

对于自助旅行者来说，看懂伦敦的邮编很关键，至少可以轻松辨别要去的地方在伦敦的大致方位，省时又省力。伦敦邮编分为两大部分，每个部分的意义不同。例如SE1 6DQ，SE1是第一大部分，6DQ为第二大部分。SE是South East的简写，1主要是告诉邮局分拣处的工作人员，这封邮件应该去往哪个地区的分局。第二大部分是针对邮局的具体投递方位及对象来说的。

大多数人只需了解第一大部分就足够了：

1.根据首字母去判断所去地方的大致方向；

2.根据首字母后面的数字判断距离市中心的远近，一般来说，带1或者2数字的邮编，地址往往在市中心。相反，数字越大离市中心越远，如NW10 0TH，可以大概判定为西北方位的伦敦三区。

首字母代表的方位含义：

W　West London（西伦敦）
WC　West Central London（伦敦中心靠西）
SW　South West London（西南伦敦）
SE　South East London（东南伦敦）
NW　North West London（西北伦敦）
N　North London（北伦敦）
E　East London（东伦敦）
EC　East Central London（伦敦中心靠东，多指Bank金融区一带）

* 摘自《早安！伦敦市集》，邢燕坤 著

2. 了解英国购物习惯

英国购物有两个习惯：一是有棚子遮盖的地方所售商品一般都不讲价，标多少钱就卖多少钱，讲价在英国人看来是很没面子的事，觉得价钱不合适就走开，一些露天的摊位和游客聚集的地方虽说可以讲价，但那种讲价也只是意思一下，千万别像国内那样对半砍价，会让摊主觉得你很没有诚意；二是顾客自觉排队，插队的人会被鄙视。

3. 注意商店营业时间

英国的很多商店星期天都关门。很多城镇和乡村在一个星期当中还会停业半天，大约从13点开始，但在另一个晚上可能会营业到晚一些时候。

4. 了解支付方式

购买商品付款可以用现金、刷卡或者用英镑旅行支票。如果商店展示有某种信用卡的标记，该商店就会接受该种信用卡。时间充裕的人可以去中国银行办一张英镑信用卡，可以省掉美元转英镑的手续费。很多大商场像哈罗德、福特南·梅森、哈维·尼克斯、塞尔福里奇都接受银联，支付时可以提醒收银员使用银联通道。

5. 了解增值税

在英国购物，大部分商品都含有20%增值税(Value Added Tax, VAT)。商店的价格标识中，如非注明，即是已加上VAT的。作为非欧盟居民，只要你在3个月内永久离开英国，且单笔购物消费在30英镑以上，即可向商店要求退税。商店一般会给你一张退税表格，由你签名填写各类信息然后由商店签字，在你离境时可在机场退税处退税。一般来说申请退税，商场都要收取一定额度的手续费（Admin Charge），到海关退税时，如果要求退现金，每笔退税大约还要收2.7镑的手续费，当然如果你选择直接退回银行卡，则海关不再收手续费。需要注意的是，你的退税单必须在签发后的3个月内提交给海关盖章。

Special fares apply
Chesham
Amersham
Chalfont & Latimer
Chorleywood
Rickmansworth
Watford
Croxley
Moor Park
Northwood
Northwood Hills
Pinner
North Harrow
Harrow-on-the-Hill
West Harrow
West Ruislip
Ruislip
Hillingdon
Uxbridge
Ickenham
Ruislip Manor
Eastcote
Rayners Lane
Ruislip Gardens
South Ruislip
South Harrow
Sudbury Hill
Sudbury Town
Northolt
Alperton
Greenford
Perivale
Hanger Lane
Park Royal
North Ealing
Ealing Broadway
West Acton
North Acton
East Acton
White City
Shepherd's Bush
Wood Lane
Holland Park
Ealing Common
Acton Central
South Acton
Acton Town
South Ealing
Northfields
Boston Manor
Osterley
Hounslow East
Hounslow Central
Hounslow West
Hatton Cross
Heathrow Terminals 1, 2, 3
Heathrow Terminal 4
Heathrow Terminal 5
Chiswick Park
Turnham Green
Stamford Brook
Ravenscourt Park
Gunnersbury
Kew Gardens
Richmond
Watford Junction
Watford High Street
Bushey
Carpenders Park
Hatch End
Headstone Lane
Harrow & Wealdstone
Kenton
Northwick Park
Preston Road
South Kenton
North Wembley
Wembley Central
Wembley Park
Stonebridge Park
Harlesden
Willesden Junction
Kensal Green
Queen's Park
Kilburn Park
Maida Vale
Warwick Avenue
Royal Oak
Westbourne Park
Ladbroke Grove
Latimer Road
Shepherd's Bush Market
Goldhawk Road
Hammersmith
Barons Court
Kensington (Olympia)
West Kensington
Earl's Court
West Brompton
Fulham Broadway
Parsons Green
Putney Bridge
East Putney
Southfields
Wimbledon Park
Wimbledon
Imperial Wharf
Clapham Junction
Stanmore
Canons Park
Queensbury
Kingsbury
Neasden
Dollis Hill
Willesden Green
Kilburn
Kensal Rise
Brondesbury Park
Brondesbury
West Hampstead
Finchley Road
Swiss Cottage
St. John's Wood
Kilburn High Road
South Hampstead
Paddington
Edgware Road
Marylebone
Baker Street
Bayswater
Notting Hill Gate
Queensway
Lancaster Gate
Marble Arch
Bond Street
Oxford Circus
High Street Kensington
Hyde Park Corner
Knightsbridge
Green Park
Piccadilly Circus
Gloucester Road
South Kensington
Sloane Square
Victoria
St. James's Park
Westminster
Pimlico
Vauxhall
Edgware
Burnt Oak
Colindale
Hendon Central
Brent Cross
Golders Green
Hampstead
Finchley Road & Frognal
Belsize Park
Chalk Farm
Camden Town
Hampstead Heath
Gospel Oak
Kentish Town West
Mornington Crescent
Great Portland Street
Euston
Euston Square
Warren Street
Regent's Park
Russell Square
Goodge Street
Tottenham Court Road
Leicester Square
Charing Cross
Embankment
Waterloo
Lambeth North
Mill Hill East
Oval
Kennington
Stockwell
Brixton
Clapham North
Clapham Common
Clapham South
Balham
Tooting Bec
Tooting Broadway
Colliers Wood
South Wimbledon
Morden
© Transport for London December 2011

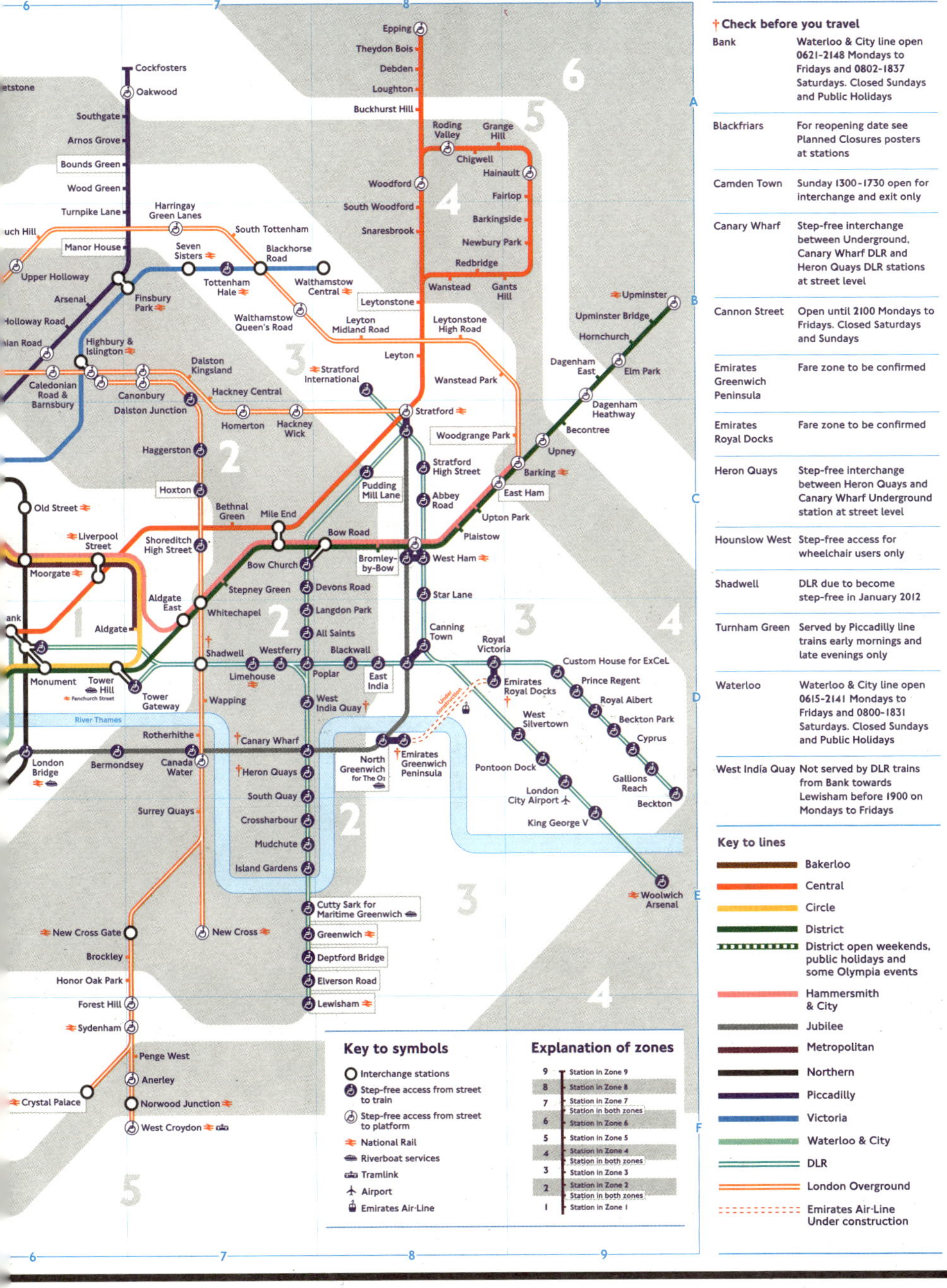

† Check before you travel
Bank
Waterloo & City line open 0621-2148 Mondays to Fridays and 0802-1837 Saturdays. Closed Sundays and Public Holidays
Blackfriars
For reopening date see Planned Closures posters at stations
Camden Town
Sunday 1300-1730 open for interchange and exit only
Canary Wharf
Step-free interchange between Underground, Canary Wharf DLR and Heron Quays DLR stations at street level
Cannon Street
Open until 2100 Mondays to Fridays. Closed Saturdays and Sundays
Emirates Greenwich Peninsula
Fare zone to be confirmed
Emirates Royal Docks
Fare zone to be confirmed
Heron Quays
Step-free interchange between Heron Quays and Canary Wharf Underground station at street level
Hounslow West
Step-free access for wheelchair users only
Shadwell
DLR due to become step-free in January 2012
Turnham Green
Served by Piccadilly line trains early mornings and late evenings only
Waterloo
Waterloo & City line open 0615-2141 Mondays to Fridays and 0800-1831 Saturdays. Closed Sundays and Public Holidays
West India Quay
Not served by DLR trains from Bank towards Lewisham before 1900 on Mondays to Fridays
Key to lines
Bakerloo
Central
Circle
District
District open weekends, public holidays and some Olympia events
Hammersmith & City
Jubilee
Metropolitan
Northern
Piccadilly
Victoria
Waterloo & City
DLR
London Overground
Emirates Air-Line Under construction
Key to symbols
Interchange stations
Step-free access from street to train
Step-free access from street to platform
National Rail
Riverboat services
Tramlink
Airport
Emirates Air-Line
Explanation of zones
9 Station in Zone 9
8 Station in Zone 8
7 Station in Zone 7
Station in both zones
6 Station in Zone 6
5 Station in Zone 5
4 Station in Zone 4
Station in both zones
3 Station in Zone 3
2 Station in Zone 2
Station in both zones
1 Station in Zone 1
Epping
Theydon Bois
Debden
Loughton
Buckhurst Hill
Roding Valley
Grange Hill
Chigwell
Hainault
Fairlop
Barkingside
Newbury Park
Redbridge
Woodford
South Woodford
Snaresbrook
Wanstead
Gants Hill
Leytonstone
Leytonstone High Road
Leyton Midland Road
Leyton
Wanstead Park
Cockfosters
Oakwood
Southgate
Arnos Grove
Bounds Green
Wood Green
Turnpike Lane
Manor House
Harringay Green Lanes
South Tottenham
Seven Sisters
Blackhorse Road
Tottenham Hale
Walthamstow Central
Walthamstow Queen's Road
Upper Holloway
Arsenal
Finsbury Park
Holloway Road
Highbury & Islington
Caledonian Road & Barnsbury
Canonbury
Dalston Kingsland
Dalston Junction
Hackney Central
Homerton
Hackney Wick
Stratford International
Stratford
Haggerston
Hoxton
Old Street
Liverpool Street
Moorgate
Shoreditch High Street
Bethnal Green
Mile End
Bow Road
Bow Church
Bromley-by-Bow
Pudding Mill Lane
Stratford High Street
Abbey Road
Woodgrange Park
Upminster
Upminster Bridge
Hornchurch
Elm Park
Dagenham East
Dagenham Heathway
Becontree
Upney
Barking
East Ham
Upton Park
Plaistow
West Ham
Star Lane
Stepney Green
Devons Road
Langdon Park
All Saints
Aldgate East
Aldgate
Whitechapel
Shadwell
Westferry
Limehouse
Blackwall
Poplar
East India
Canning Town
Royal Victoria
Custom House for ExCeL
Prince Regent
Royal Albert
Beckton Park
Cyprus
Gallions Reach
Beckton
Emirates Royal Docks
West Silvertown
Pontoon Dock
London City Airport
King George V
Woolwich Arsenal
Monument
Tower Hill
Fenchurch Street
Tower Gateway
Wapping
West India Quay
River Thames
Rotherhithe
Canary Wharf
Under construction
London Bridge
Bermondsey
Canada Water
Heron Quays
North Greenwich for The O2
Emirates Greenwich Peninsula
South Quay
Surrey Quays
Crossharbour
Mudchute
Island Gardens
Cutty Sark for Maritime Greenwich
New Cross Gate
New Cross
Greenwich
Brockley
Deptford Bridge
Honor Oak Park
Elverson Road
Forest Hill
Lewisham
Sydenham
Penge West
Anerley
Crystal Palace
Norwood Junction
West Croydon

INDEX
索引

INDEX
索引

FROM EDITORS
后记

LITERATURE

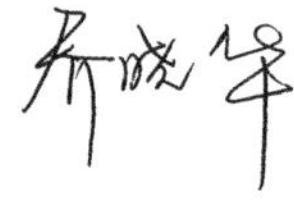

伦敦半月，和以往去到某个城市不同，这次旅行所探访的，全是作家在伦敦留下的点点印迹，从他们出生受洗的教堂，到最后的长眠之地……它们常常就散落在著名的景点或者购物区附近，是只需要一点点指引多走几步路就可以到达的地方。

从未有过的体验。在济慈曾经居住的齐普赛街看到的两条彩虹，在彼得·潘的肯辛顿公园沾染的暮色、在毛姆曾经居住切斯特菲尔德街遇到的黄水仙……最最难忘是生日那一天，在T.S.艾略特热爱的星辰餐厅，可爱的经理先生不仅送上美味的蛋糕，还亲自点燃生日蜡烛，说：一定要许愿哦！

时间很短，想要去到的地方却很多，不能一一走到，实在遗憾。但愿这一点点指引可以帮助你发现更丰富的伦敦。而那些遗憾，也许就是我下一次伦敦之行的起点。

ART

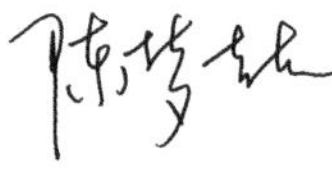

说来惭愧，当自己作为记者跃身入艺术圈时，我才发现之前自己浪费了多少机会。

在布里斯托尔念书时，屋子50米开外，就有Banksy的涂鸦；离伦敦两个半小时的车程，看过戏，却没进过泰特现代，V&A倒是去过几回，每次都坐在台阶上吃不远处哈罗德买来的甜品。这次在伦敦，打印了十几页任务单，揣着它以暴走的方式前行。每一天的最后，脚俨然不是自己的，心却还留在美术馆的某处风景。

SHOPPING

还没有离开伦敦时，我的心里已经开始策划着自己的下一次伦敦行，按照我的想法，再去一定会选在圣诞前后或者是六七月份的打折期，因为那个时候很多摆在LIBERTY里的高不可攀的货品就会呈现出更和蔼可亲的面貌。当然我还会再去最喜欢的哥伦比亚花市和格林尼治市集“狠狠”逛——带上充足的现钞！

购物指南中所推荐的八处目的地绝对不能涵盖伦敦所有值得淘宝的地方，它不过是试图以一个过来人的视角给初到伦敦的人打开一扇购物的窗口，事实上伦敦值得逛的地方实在太多，又岂是三言两语可以概括的。

PHOTOGRAPHER

这是个神奇的城市，一路走来会有给你很多惊喜。虽然每天都背着相机带着任务出门，一天走下来回到酒店身体早已不像自己的，但心情还是愉悦的，收获颇多。伦敦是个既古老又现代的城市，她有着繁华的商业区，同时也保留了很属于自己的传统文化。花上一些心思便会发现历史遗迹、名人故居散布在这个城市的各个角落。就像狄更斯的故居就安静地坐落在街道居民楼中，和周围没有什么不一样，唯一可以辨别的就是在门牌号旁边特殊的蓝色标志。

走在伦敦街头，天空会时不时地飘起一阵阵小雨来，此时有件防雨风衣那是极佳的，如果不怕相机被淋坏那么拍摄雨中的伦敦也另有一番情趣。

一路下来还是有很多地方没有去到，最遗憾的是没有好好逛大英和V&A，但细想这可以成为再来一次的借口，把遗憾都补上。

图书在版编目(CIP)数据
到伦敦去 IN LONDON / 乔晓华，陈梦喆，梁虹著.
– 上海：上海文艺出版社 .2012.7
ISBN 978-7-5321-4556-0
Ⅰ.①到… Ⅱ.①乔…②陈…③梁… Ⅲ.①伦敦 – 概况
Ⅳ.① K956.15
中国版本图书馆 CIP 数据核字（2012）第 151815 号

IN LONDON
到伦敦去

乔晓华 陈梦喆 梁虹 著

策划 出品
21号造书厂

出品人：顾伟
策划：乔晓华
责任编辑：徐如麒
装帧设计：杨军
摄影：王雅敏
设计制作：金一哲 任维嘉 王嘉俊
图片编辑：都晨
地图编辑：胡君 田原
特别鸣谢：VisitBritain

上海文艺出版社出版、发行
上海绍兴路 74 号
新华书店 经销
上海文艺大一印刷有限公司印刷
开本 889×1194 1/32
印张 9.25 插页 4 图、文 296 面
2012 年 7 月第 1 版
2012 年 7 月第 1 次印刷
ISBN 978-7-5321-4556-0/G·117
定价：42.00 元